イノベーション・マネジメント

イノベーション・マネジメント（'23）

©2023　伊藤宗彦

装丁デザイン：牧野剛士
本文デザイン：畑中　猛

o-43

まえがき

　本書は，イノベーション・マネジメントを実践するための入門書です。大学で経営学や経済学を学ぶ学生だけではなく，理科系を専攻している学生，社会で実務に関わっておられる方たちが，イノベーション・マネジメントを学ぶことを想定し，編集・執筆しました。

　イノベーションというのは，企業にとって将来を決める，大変，重要な概念です。1602年，オランダに世界初の株式会社といわれる，連合東インド会社が誕生しました。株式会社は，人類最大のイノベーションと呼ばれています。その後，イノベーションという概念を立ち上げ，学問として最初に掘り下げたのは，シュンペーターです。1912年に刊行された『経済発展の理論』の中で，初めてイノベーション理論が提唱されました。現在でもその定義「価値の創出方法を変革して，その領域に革命をもたらすこと」，そして「新結合」という概念は，広く浸透しています。また，技術革新だけではなく，社会に新たな価値をもたらす価値創造であれば，すべてがイノベーションであるというシュンペーターの理論は，多くの実務家たちが実践し，世界中にイノベーションをもたらしてきました。

　本書は，17世紀初頭，連合東インド会社の誕生時から，シュンペーターが概念を体系化した20世紀初頭まで，時代に関わらず，社会の発展のためにイノベーションは繰り返されてきたことを踏まえた内容になっています。しかし，社会の中で，膨大な規模で営まれてきたイノベーション活動について，すべてを網羅するという目的で書かれているのではありません。イノベーションについて，知見を広げ，企業が行ってきた活動について，理解を深めるための基礎的な知識を身に着けるこ

とを目的として執筆しました。

　イノベーション活動は，今後も永遠に続く活動です。シュンペーターが示したイノベーション理論から，時代とともに，様々な新しい理論が生み出されてきました。また，多くのイノベーションに関する書籍が世界中で出版されています。その中で，本書の特徴について，説明をしておきましょう。

　本書では，3つの方向からイノベーション・マネジメントについて述べています。まず，シュンペーターに始まり，ドラッカー，そして，クリステンセンまで，できる限り，時代背景にあった事例をもとに，イノベーション・マネジメント研究の系譜を時系列的に説明しています。次に，製品・事業開発，組織設計，技術戦略など，実務でも役立つ実践的な内容を取り上げています。そして最後に，サービス・イノベーション，ＡＩ，ビッグデータ，量子コンピュータといったデジタル変革について，イノベーション・マネジメントという視点から解説しています。つまり，シュンペーターから始まり，現代のデジタル変革まで，100年以上にも及ぶ，インベーション・マネジメントの変遷を学ぶことを主眼に置いた内容になっています。

　最後に，本書がイノベーション・マネジメントを学ぶ際，読者の方の知識向上の一助となればと切に願っています。

2022年8月

執筆者を代表して
伊藤宗彦

目次

まえがき　　　伊藤 宗彦　3

1 イノベーション・マネジメント概論

　　　　　　　　　　　　　　　　　　｜ 伊藤 宗彦　11

　　1．イノベーションという概念　11
　　2．株式会社というイノベーション　12
　　3．シュンペーターの理論　16
　　4．イノベーションの役割　22
　　5．イノベーションと社会性　23

2 マーケティングとイノベーション

　　　　　　　　　　　　　　　　　　｜ 伊藤 宗彦　27

　　1．シュンペーターとドラッカー　27
　　2．イノベーションと経営　29
　　3．マーケティングの役割　32
　　4．イノベーションの役割　35
　　5．まとめ　39

3 科学的発見とイノベーション ｜ 伊藤 宗彦　41

　　1．イノベーションの発生　41
　　2．科学とイノベーション　42
　　3．リニアモデルと連鎖モデル　45
　　4．テクノロジー・プッシュとデマンド・プル　51
　　5．まとめ　53

4 │ イノベーションの普及　　　　　　　│ 伊藤 宗彦　56

1．はじめに　56
2．バスモデル　57
3．イノベーションの普及　60
4．キャズム理論　69
5．まとめ　72

5 │ ドミナント・デザインと
生産性のジレンマ　　　　　　　│ 伊藤 宗彦　75

1．はじめに　75
2．ドミナント・デザイン　76
3．AU 理論　79
4．生産性のジレンマ　84
5．イノベーションと社会性　85
6．まとめ　86

6 │ 製品アーキテクチャと
イノベーションの分類　　　　　│ 徐 康勲　89

1．はじめに　89
2．ラディカル・イノベーションと
　インクリメンタル・イノベーション　90
3．製品アーキテクチャ　91
4．製品アーキテクチャ論の精緻化　94
5．製品アーキテクチャからの産業分析　95
6．製品アーキテクチャと事業戦略　98
7．まとめ　99

7 | イノベーションのジレンマと 破壊的イノベーション　｜徐　康勲　102

1．はじめに　102
2．ハードディスクドライブのイノベーション　103
3．イノベーションのジレンマ　105
4．破壊的イノベーションのメカニズム　106
5．破壊的イノベーションの種類と事例　109
6．まとめ　113

8 | イノベーションと組織　｜徐　康勲　116

1．はじめに　116
2．組織能力の主体　117
3．企業と組織能力　118
4．コア技術の形成　120
5．コア技術戦略　122
6．イノベーションを担う組織デザイン　124
7．まとめ　127

9 | イノベーションと起業家　｜徐　康勲　130

1．はじめに　130
2．起業家とは　131
3．起業家精神とは　132
4．起業家の特性・成功要因・起業のプロセス　134
5．起業家の育成　137
6．海外の起業家教育　138
7．日本の起業家育成の課題　140
8．まとめ　141

10 | 企業間関係のマネジメントと オープン・イノベーション ｜徐 康勲 144

1. はじめに　144
2. メイク・オア・バイの議論　145
3. 分業　146
4. 提携　150
5. オープン・イノベーション　152
6. まとめ　158

11 | 製品開発プロセスのマネジメント
｜徐 康勲　161

1. はじめに　161
2. テクノロジー・プッシュとデマンド・プル　162
3. 製品開発プロセス　165
4. 製品開発プロセスとコスト管理　169
5. まとめ　172

12 | サービス・イノベーション ｜伊藤 宗彦　175

1. はじめに　175
2. 製造業とサービス業　176
3. サービス・ドミナント・ロジック　178
4. サービスによるイノベーション　181
5. モノとサービスによるイノベーション　185
6. おわりに　188

13 | **計算機と社会イノベーション** | 伊藤 宗彦 191

1．はじめに　191
2．コンピュータの歴史　193
3．IBM のパンチカードシステム　197
4．パンチカードシステムの国産化　199
5．IBM の台頭　200
6．まとめ　203

14 | **デジタル・イノベーション** | 伊藤 宗彦 206

1．情報量の増大化　206
2．デジタル・トランスフォーメーション　208
3．予想と最適化　210
4．まとめ　219

15 | **ビジネスエコシステムという イノベーション** | 伊藤 宗彦 222

1．はじめに　222
2．Industrie4.0：第 4 次産業革命　223
3．プラットフォーム　225
4．プラットフォームとエコシステム　226
5．エコシステムドライバー　229
6．おわりに　235

索　引　237

1 | イノベーション・マネジメント概論

伊藤 宗彦

《目標＆ポイント》 本書の目的は，イノベーションについて，その本質を理解するとともに，継続的にイノベーションを生み出すためのマネジメントの仕組みについて学ぶことである。本章では，イノベーションに関する理解を深めるとともに，その重要性について，歴史的な事実，また，次章以降に学ぶ重要なトピックスを紹介する。イノベーション・マネジメントという企業経営の重要な概念と，歴史上考えられてきた著名な理論枠組みについてできるだけ分かりやすく解説するとともに，学問体系を示していく。

《キーワード》 イノベーション，技術革新，サービス，経済発展，創造的破壊，新結合

1. イノベーションという概念

イノベーションという用語には，さまざまな解釈がある。イノベーションというのは，英語の動詞 innovate の名詞形 innovation を語源としている。もともと，「革新する」「刷新する」という意味であるが，日本語の場合，技術分野では「技術革新」，経営分野では「経営革新」などの意味で使用されてきた。それは，ミスター・イノベーションと呼ばれる経済学者，シュンペーターが，1912 年に初めてイノベーションという言葉を用いたことから始まった。それ以降，技術，経済学，経営学分野をはじめ，広く社会で使用されるようになり，いつのまにか日本では，「技術革新」「経営革新」の意味で用いられるようになっていった。

しかしながらイノベーションには，概念的に理解しにくい側面がある

ことも事実である。国立国語研究所の「『外来語』言い換え提案」によると、イノベーションは「技術革新」「経営革新」「事業革新」「革新」とされている。また、2003 年掲載の情報によると、「イノベーション」の理解度は日本国民全体の 25 ％未満である。それは、現在でも辞書を引くと、イノベーションは、「技術革新」と訳されていることである。しかしながら、お隣の国、中国では、イノベーションを「創新」と訳す。おそらく、社会科学の見方からすれば、日本で訳された「技術革新」よりは「創新」のほうがよほど、語源の innovation に近いように思われる。このように、本来、イノベーションという概念は、技術用語としてではなく、良いものを作り、社会に貢献するという意味を持つ。

　シュンペーターが初めて使ったイノベーションという用語は、経営学においては、社会に役に立つという概念だけではなく、企業にとって役に立つ、つまり、利益を生むという概念なのである。

2. 株式会社というイノベーション

　シュンペーターがイノベーションという用語を最初に使ったのは、1912 年ごろであった。それ以前にイノベーションはなかったのであろうか。有史上、経済・経営に関するイノベーションとして、最もインパクトの大きなものは、おそらく、株式会社の設立であろう。

　オランダの首都、アムステルダムには、世界最古の証券取引所とされる旧アムステルダム証券取引所がある。現在はヨーロッパ 5 カ所にある証券取引所を運営するユーロネクストの傘下にあるが、1602 年に遡る歴史は、今もしっかりと息吹いている。株式の取引開始は、すなわち、株式会社の誕生を意味する。そして、その起源は大航海時代、オランダ東インド会社に遡ることになる。15 世紀の半ば頃から、スペイン、ポルトガルの両国は遠洋貿易に力を入れ、インドへの進出を果たした。遅

れることおよそ100年，スペインから独立したオランダは，新しい航路を拓き，胡椒など香辛料の交易ルートを確立する。

　オランダの成功にはいくつかの要因が認められるが，それまでの一航海ごとに出資を募っていた方法ではなく，複数回の航海を対象として投資を募ったことは見逃せない。この新たな投資法を実施したのが，アムステルダムに本社を構えた連合東インド会社（VOC: Verenigde Oost-Indische Compagnie（オランダ語））であった。1602年3月20日にオランダで設立され，世界初の株式会社といわれる。それまでは，船が遭難すれば投資家は全てを失う，すなわち，「無限責任」が課せられていたわけだが，ＶＯＣは株式を発行するにあたり，出資額以上の損失を株主に与えないという約定を設けた。これがすなわち，有限責任である。有限責任という概念は，同時に，株式が単一の航海を越えて効力を有すること，つまり，現代では「永久資本制」と呼ばれる，事業の継続性を前提にした株式会社の誕生をも意味する。株式や債券を発行していた企業

（筆者撮影）

写真1-1　旧：連合東インド会社跡（現：アムステルダム大学）

はそれ以前にも存在するが，より近代的な株式会社の起源が VOC とされるのはこのためである。同時に，株式会社は単発の事業ではなく，継続的な事業展開を行い得るかが投資家にとっても重要な価値として認められるようになった。ただし，企業にも思惑はあった。新興企業などは規模の急成長を狙って，短期的な視点で市場を活用する場合もある。証券市場は投資家，企業，それぞれのニーズに応えつつ，公正な取引を維持する必要がある。

　このように優れた仕組みを持つ連合東インド会社 VOC の設立は，おそらく，経済・経営分野の歴史上，最大のイノベーションであったと思われる。しかし，18 世紀末に始まった世界情勢の大きな変化によって，そのインパクトは長くは続かなかった。1789 年に始まるフランス革命の余波が残る 1795 年，オランダでは連邦共和国が倒れ，新たなバタヴィア共和国が成立した。共和国政府と議会は 1799 年，連合東インド会社の解散を決定したのである。連合東インド会社が起こした世界初の株式会社の設立というイノベーションは歴史上，幕を下ろしたが，世界初の証券取引所がアムステルダムに設立される，という新たなイノベーションにつながったのである。

　この事例は，有限責任による投資家と事業者の関係，株式会社の概念という優れたイノベーションが起こったことを示しているが，イノベーションを学ぶ上で，いくつかの教訓を得ることができる。まず，イノベーションがさらに新たなイノベーションを産むという点である。例えば，現在では，(1) 法人格，(2) 出資者（株主）の有限責任，(3) 持分の自由譲渡性，(4) 所有と経営の分離，(5) 出資者（株主）による所有，この 5 点を備えたものが株式会社と言われている。

　その一方で，世界各国では，例えば，(2) 出資者（株主）の有限責任の例外として，株主と並ぶ無限責任社員の存在を認める会社形態である

（筆者撮影）

写真1-2　世界初の株券（連合東インド会社の株券）

株式合資会社と呼ばれるものもある。さらに，（3）持分の自由譲渡性に
ついては様々な形態で運用されており，例えば，株式会社とは別個の会
社形態として，ドイツの有限会社（GmbH），フランスの有限会社
（SARL）など，様々な形態の会社ができていった。一方，株式会社の
一種として，日本の非公開会社，アメリカの閉鎖会社（Close
Corporation），イギリスの株式有限責任会社（Company Limited by
Shares）などがある。

　このように，イノベーションは，17世紀に起きた連合東インド会社
の設立のような，画期的なイノベーションなくして質的な発展はないこ
とが示される。さらに，そこにかかわる企業は，自らの創意・工夫に
よってさらに発展した形で成長するようになることもイノベーションの
側面であろう。イノベーションをマネジメントするというのは，もちろ
ん，社会にとって役に立つ，つまり経済効果を生み出すという目的だけ
ではなく，イノベーションによって企業が儲かるという側面も持つので
ある。

3. シュンペーターの理論

　現在，経済活動におけるイノベーションの考え方は，シュンペーターが提唱した議論が基礎となっている。前節で述べた株式会社の誕生からすると，約300年近くも時間が経っているが，この間，社会ではイノベーションが起こらなかったのではなく，イノベーションという概念が20世紀に入ってから提唱されたため，意識されなかっただけである。

　イノベーションという概念を初めて提唱したのは，オーストリア・ハンガリー（後のチェコ）のモラヴィアという土地で，1883年に誕生した経済学者，ヨーゼフ・アロイス・シュンペーター（Joseph Alois Schumpeter，1883年～1950年）であった。シュンペーターは1912年，29歳の時の著書，『経済発展の理論（Theorie der Wirtschaftlichen Entwicklung)』の中で「新結合」という言葉を用いて経済成長を説明し，その後，イノベーションの概念を提唱した。それによればイノベーションとは，企業が生産性の向上のために，技術革新だけではなく新し

出典：Wikipedia

写真1-3　ヨーゼフ・アロイス・シュンペーター

い生産方式を導入し，企業内の組織を組み替えたり，新たな生産要素を導入したりする行為すべてを表す用語であった。つまり，企業の行う絶え間ないイノベーションが経済を変革させるという理論である。

　そして当時の理論として画期的であったのは，経済発展が起こるには，人口増加や気候変動といった外的要因よりも，独自のイノベーションによる内的要因の重要性を指摘した点であった。ここで，経済発展には，「イノベーション」，「企業家」，そして「銀行」が企業に信用を与えることが必要である。分かりやすく言えば，企業が銀行から資金を得て生産手段を入手し，イノベーションを遂行する。このイノベーションによって企業が収益を確保し，経済発展へとつながるというプロセスがシュンペーターの理論である。

　シュンペーターはイノベーションに関して，2つの理論を提唱している。シュンペーター・マークⅠ，マークⅡと呼ばれるイノベーションを起こす主体についての理論，そして，創造的破壊・新結合というイノベーションの性質を表す理論である。それぞれについて，考えてみよう。

　シュンペーターは，実際にイノベーションを起こす主体となるのは大企業なのか，あるいは，スタートアップ企業なのかという，イノベーション遂行の主体について考えた。それが，1912年に出された"シュンペーター・マークⅠ"という考え方であった。まずシュンペーターは，イノベーションの遂行主体となるのは起業家（スタートアップ企業）とした。これは，イノベーションを起こすには，資金的，組織的なしがらみがない新しい企業のほうが向いているという考え方に基づくものであった。この，起業家がイノベーションの担い手になるという考え方は，"シュンペーター・マークⅠ"と呼ばれている。

　その後，アメリカでは，自動車産業，石油，化学，流通業と多くの巨

大企業が誕生し，イノベーション主体としての大企業という視点からの考え方も必要になった。これが“シュンペーター・マークⅡ”と呼ばれる概念である。シュンペーターは，新たなイノベーションを生み出すには，優秀な人材が豊富で，なおかつ，潤沢な資金を有する大企業の技術開発力が有利であると考えた。

　以上の議論をまとめると，当初，起業家精神の重要性を指摘した“シュンペーター・マークⅠ”に対し，その 30 年後に発表された，“シュンペーター・マークⅡ”は，大企業主体のイノベーションの優位性を説明した。いずれが正しいのかという議論は，おそらく意味をなさない。というのは，当時のアメリカやシュンペーターが育ったドイツでは，化学・電機産業において，優秀な人材や最新設備を完備した研究所が出来上がっており，1912 年に出された“シュンペーター・マークⅠ”の時代とは，環境面でおよそかけ離れた違いがあったためである。イノベーションの主体となるのは市場支配力を持った大企業であるという“シュンペーター・マークⅡ”の理論は，この 30 年という月日の間に生み出されたのであろう。

　次に，シュンペーターをイノベーション研究者として著名にしたのが，創造的破壊と新結合という概念と，それに伴うイノベーションの 5 つのタイプの分類である。ここでは，企業にとって，何をすることが「新結合を遂行」することになるのか，詳しく見ていこう。

　創造的破壊という言葉は，シュンペーターがイノベーションに対して使った言葉である。シュンペーターは，当時の古典経済学で取り扱っていた最適配分や均衡理論よりも，企業のイノベーションがもたらす動的な不均衡こそが正常な経済の姿であり，経済理論と経済活動の中心に位置付けるべきと考えた。具体的に説明すると，ある成熟した市場がありその中で，新製品や新サービスが起こり，参入企業間の競争によって特

定の企業だけが儲けても，その分，儲けが減る企業が出てくるだけであり，市場全体が大きくなることはない。それよりも，既存の製品やサービスそのものを破壊し，新たな秩序を作り直したほうが，より経済発展の可能性が高いと考えた。例えば，銀塩フィルムによるカメラはデジタルカメラに，固定式の電話は携帯電話に，現金は電子マネーにと，様々な創造的破壊が社会で起こる。その際，既存の枠組みではなく，新たな技術や仕組みが主役となり，これがイノベーションと呼ばれるようになるのである。このように既存の組織や規則といった秩序を作り直すのが企業の役割であり，その活動をイノベーションと定義した。これが，創造的破壊の考え方である。つまり既存の仕組みを乗り越えるには内部の競争だけではなく，思い切って，新たな仕組みを創造することこそがイノベーションであると定義したのである。

　シュンペーターは『経済発展の理論』の中で，イノベーションを「新結合の遂行」と表現している。それでは，この新結合とはどのような意味があるのか，何をすることなのか，なぜ，イノベーションを意味する表現なのかについて考えてみたい。それは，シュンペーターが考える，新たな経済の枠組みの中で，新しい組み合わせを作り出し，組み合わせることにより，従来にない経済発展を遂げることを意味している。シュンペーターは，この新結合，すなわち，イノベーションについて，以下の５つを挙げている。

　①まだ消費者に知られていない新しい商品や品質の開発
　②未知の生産方法の開発
　③従来，参加していなかった市場の開拓
　④原料ないし半製品の新しい供給源の獲得
　⑤新しい組織の実現
　上記のイノベーションのいずれか，あるいは，複数を組み合わせるこ

とによって「創造的破壊」が起こり，社会の経済的な発展につながると
考えた。ここでいう創造的破壊とは，ブラウン管テレビが液晶テレビに
置き換わっていったように，従来とは全く非連続で飛躍的な発展を指
す。こういった飛躍的な発展を破壊的イノベーションと呼ぶこともあ
る。それでは，シュンペーターが定義した5つのイノベーションを見て
いこう。

①まだ消費者に知られていない新しい商品や品質の開発

　誰でも思い描くイノベーションが想定される。例えば，モールス信号
のような文字の伝達技術から，直接，音声を伝えることができる電話が
生み出された。その後，有線でつながれていた回線は無線に置き換わ
り，今では，個人が持ち運べるようになっただけではなく，音声に加
え，データや動画まで送れるようになった。こうした技術やサービスの
変遷を見れば，「創造的破壊」をイメージできるであろう。

②未知の生産方法の開発

　それまで良く知られた一般的な方式で生産されていたものが，新しい
方式で生産されるようになることを指す。例えば，新たな生産方法を導
入すること。他業界の方式を取り入れる場合も含む。化学肥料や合成繊
維などの原料として欠かせないアンモニアは，現在，ほとんどがハー
バー・ボッシュ法（HB法）で，年間約1億4000万トン（窒素換算）
生産されている。約1世紀前に生まれた製法で，窒素と水素を高温（400
〜650度），高圧（200〜400気圧）で酸化鉄触媒とともに反応させる方
法である。現在，日本の技術で，レアアースのルテニウムの微粒子を表
面に付けた化合物で作った触媒を使用し，HB法より低温，低圧の260
度，9気圧で効率良く合成できる技術が確立された。このように100年

以上続いた製法でも，新たな生産方法に置き換わるイノベーションが起こったのである。

③従来，参加していなかった市場の開拓

これまで，誰も参入していなかった新市場を開拓することもイノベーションである。たとえば，ナビゲーション市場がある。1990年に初めて自動車に搭載されたのが，GPS技術を用いたカーナビゲーションシステムである。自分はどこにいるのか，目的地にはどのような道筋で行けばいいのか，あとどれくらいで到着するのかなど，リアルタイムで知ることができるようになった。今では，個人の持つスマートフォンにも同じ機能が付き，世界中の人々がナビゲーションを利用するようになった。30年前には，全くなかった市場であるが，今日では誰もが使用できるようになっている。誰も参入していなかった市場が開拓されたことがイノベーションである。

④原料ないし半製品の新しい供給源の獲得

新製品を製造するのに必要な原材料や，その供給ルートを新たに確保することもイノベーションである。例えば，リチウムイオン電池がある。2019年10月，吉野彰氏らがノーベル化学賞を受賞したことは記憶に新しい。リチウムイオン電池の材料はリチウムという金属であるが，その産地は世界的に限られており，さらに発火しやすいなど，非常に扱いにくい材料であった。携帯電話や現在のスマートフォンにも利用されているリチウムイオン電池は1991年に，ソニーが初めて商品化した。金属リチウムを用いたリチウムイオン電池が登場すると，携帯電話の厚さは半分に，また，充電容量は倍になった。このように，リチウムという金属が電池の資源として使用されたこともイノベーションなので

ある。

⑤新しい組織の実現

　組織そのものやサプライチェーン，産業構造などの改革を行うことも，イノベーションと呼ばれる。良く知られた事例としては，ウォルマートとP&Gのおむつの製販同盟がある。ウォルマートは店頭で販売したおむつのPOSデータと自社の在庫情報をP&Gに公開し，P&Gはそれをもとに在庫補充を行うことにより，双方が無駄を省くことができ，総在庫の削減や物流のトータルコストを大幅に下げることができた。このように，既存組織内の改革だけでなく，企業間による組織改革もイノベーションなのである。

　こうしてイノベーション本来の意味をひも解いてみると，「技術革新」という訳とは，かなり異なった印象を持つかもしれない。イノベーション（Innovation）はインベンション（Invention）とは異なる，つまり，革新と発明は異なる概念なのである。この類似した2つの概念の違いはどこから生じるのであろうか。イノベーションが成立するには，まず，世の中の役に立つ，つまり社会にとって有益であることが条件であり，いかに最先端の技術であっても，市場に受け容れられなくてはイノベーションとは言えない。しかしながら，世の中の役に立つか否かは関係なく，全く新しい技術的発見は日々，起こっている。これはインベンションであり，そのすべてがイノベーションとして受け入れられるとは限らないのである。

4. イノベーションの役割

　イノベーションは知識を生み，知識を活用する営みである。知識はイ

ノベーションのアウトプットであると同時に，次のイノベーションのインプットでもある。新しく生み出された知識は，次のイノベーションでそのベースとして利用される。過去に失敗したときに得られる知識も重要となる。さまざまな種類の技術，知識，仕組みがあって，それが全体で機能しなければイノベーションは結実しない。相互依存関係を通じてイノベーションがイノベーションを生むというケースも多い。たとえば，コンピュータのクロックスピードの上昇がブロードバンドの発展につながった。また，自動車においては，エンジンの性能の向上はブレーキの性能向上と密接な関係がある。

　すでに述べたように，経済成長・発展にとってイノベーションは中心的な役割を果たす。経済成長は，製品，産業の構成が持続的に変化を続けてこそ可能になる。個々の製品，産業は遅かれ早かれ成熟化の途をたどる。この限界を超えるものが絶え間なく登場する新製品，新産業である。このように考えると，イノベーションは確実に企業の浮沈を左右する。多くの企業はイノベーションをきっかけに成功し，成長し，地位を築いていく。破壊的なものにせよ，漸進的なものにせよ，イノベーションを生み出す力のない企業は新興の企業に足をすくわれる。これが，シュンペーターが考えたイノベーションによる「創造的破壊」なのである。

5. イノベーションと社会性

　イノベーションは，人間や社会のその時々の都合や能力の限界によって制約を受ける。人間の情報処理能力は限定されており，限られた範囲内で合理性を追求する。イノベーションが生まれる基本要因には，①ヒト（個人など），②社会（そのヒトが属する組織・制度・社会など），③時代（その社会が置かれている時間軸）などがある。そこで，ナショナ

ル・イノベーション・システムという考え方が登場する。

　アメリカでは，ベンチャー・ビジネスと呼ばれる研究開発型の小規模な企業がイノベーションにおいて大きな役割を果たしている。また，これらのベンチャー・ビジネスには大学も大きな役割を果たしている。また，ドイツでは，マイスター制度とよばれるものづくりの仕組みがあり，熟練の労働者が優遇され，質の高い資本財を生産する仕組みがある。経済のグローバル化が進んでいる今日では，国によってイノベーションが生み出される仕組みが大きく異なっている。

　ここでは，ベンチャー企業とスタートアップ企業について説明しておこう。日本では，先端技術やサービスを中心に新設された会社をベンチャー企業と呼んできた。そもそも，この「ベンチャー企業」という単語は日本語であり，英語の辞書には載っていない。アメリカでは，こうした新しい企業のことを，スタートアップ企業（Startups）と呼ぶ。それぞれの違いは，その企業が考える目的，つまり，どのような企業になりたいのかという点にある。

　日本のベンチャー企業は短期的というよりも中長期的に課題に取り組もうとするが，アメリカのスタートアップ企業は，短期間でのエグジット（EXIT）を目的にする。エグジットとは，起業後の投資回収のことであり，例えばIPO（株式公開），あるいはM&A等によるバイアウト（第三者への売却）により，多額の資金や利益を獲得することを指す。特に，アメリカのシリコンバレー等のスタートアップ企業は，一気呵成に成長を遂げようとする。一方，日本のベンチャー企業は，市場において，その製品やサービスを，既存のビジネスモデルをベースに展開し，収益と長期成長を目指すことが多い。身の丈に合った長期的な成長を目標に，人材育成や組織能力の向上を目指そうとする。

　イノベーションの歴史は，人類発展の歴史である。近年，企業家およ

び企業家精神についてさまざまな議論が展開されてきている。特に日本市場は企業家が育ちにくい市場とされているため，このような議論は特に重要とされている。したがって，企業家および企業家能力のあり方や類型化，さらには，企業家を輩出する組織，風土を学ぶことは，イノベーション研究の第一歩，つまり，新製品を生み出す能力を研究する第一歩と考えることができるのである。

　本章の最後に，本書で示すイノベーションのポイントを示しておこう。イノベーションとは『何か新しいものを取り入れる，既存のものを変える』という意味を持つ。イノベーションは，企業，産業が発展するために，最も重要な要素である。イノベーションは製品開発面で重要な役割を果たすが，その他にも組織の制度，仕組みにおいても役割を担う。イノベーションは，企業家が実行する。そのプロセスは，国の制度や風土によって影響を受けるのである。

学習課題

1．イノベーションと技術革新はどのように区別すればよいのでしょうか？
2．すべての発明がイノベーションに結びつくとは限りません。なぜでしょうか？
3．皆さんが考えるイノベーションをいくつか列挙してみてください。

参考文献

ヨーゼフ・シュンペーター著，大野一訳（2016）『資本主義・社会主義・民主主義〈Ⅰ〉〈Ⅱ〉』日経 BP クラシックス〔原書：Schumpeter, Joseph（1942），*Capitalism, Socialism and Democracy*, Harper & Brothers〕

シュムペーター著，塩野谷祐一・中山伊知郎・東畑精一訳（1977）『経済発展の理論―企業者利潤・資本・信用・利子および景気の回転に関する一研究〈上〉〈下〉』岩波文庫

中野常男（2002）「株式会社と企業統治：その歴史的考察―オランダ・イギリス両東インド会社にみる会社機関の態様と機能―」『経営研究』神戸大学大学院経営学研究科〈No.48〉，pp.1-44.

国立国語研究所「『外来語』言い換え提案」 https://www2.ninjal.ac.jp/gairaigo/（2022 年 5 月 5 日閲覧）

2 | マーケティングとイノベーション

伊藤 宗彦

《**目標&ポイント**》 多くの企業はイノベーションをきっかけに成功し、成長し、地位を築いていく。すなわち、より優れた経済的な財やサービスを創造していく。企業は単に経済的な財やサービスを供給するだけでは十分ではない。より優れたものを創造し供給しなければならない。こうしたシュンペーターの考えを理解し、発展させたのは、ドラッカーである。ドラッカーの「顧客の創造」という概念より、イノベーションについて考えてみる。
《**キーワード**》 イノベーション，顧客の創造，マーケティング，財，サービス

1. シュンペーターとドラッカー

　ドラッカーという名前を聞いたことはあるだろうか。「マネジメントの発明者」，「世界最高の経営学者」などと呼ばれてきた。本名は、ピーター・ファーディナンド・ドラッカー（Peter Ferdinand Drucker, 1909 年～2005 年）である（**写真 2-1** 参照）。経営についての多くの著書を刊行し、その多くは、日本語にも訳されている。ドラッカーは、シュンペーターの教えを受けており、その考え方を引き継いでいる。ドラッカーとシュンペーターには、少なからず縁があった。ドラッカーの父、アドルフはウィーン大学経済学部の教授であった。アドルフが 1902 年、ウィーン大学経済学部で教えていたときに、新入生のシュンペーターを知った。アドルフは、才能を示すシュンペーターに目をかけていた。シュンペーター、26 歳の 1909 年、ドラッガーが誕生した。そ

の後のドラッカーの著書にも多くの影響が見受けられるように，ドラッカーは幼少時よりシュンペーターの影響を強く受けていた。その集大成となったのが，1985年に刊行された著書，『イノベーションと企業家精神—実践と原理（Innovation and Entrepreneurship）』である。シュンペーターは1950年に亡くなっていることからこの本は，その35年後に書かれた著書であり，ドラッカー，75歳の時に書かれている。その中でも，企業家についての考え方からシュンペーターの影響を色濃く受けていることがうかがえる。ドラッカーは企業家について，「変化を利する者」と表現している。つまり企業家とは，変化をチャンスとして受け止めることができる者を指す。これこそが，シュンペーターがいう，「創造的破壊」である。本章では，ドラッカーの「顧客の創造」という概念より，イノベーションについて考えてみる。

（写真提供ダイヤモンド社）

写真2-1　P.F.ドラッカー

2. イノベーションと経営

　「株式会社」というイノベーションについては，すでに前章で述べた。株式会社以外にも，株式合資会社という形態の会社もある。出資者の無限責任を認める株式合資会社と呼ばれる企業形態もある。さらに，株式会社とは別個の会社形態として，ドイツの有限会社（GmbH），フランスの有限会社（SARL）など，多様な形態の会社ができていった。一方，株式会社の一種として，日本の非公開会社，アメリカの閉鎖会社（Close Corporation），イギリスの株式有限責任会社（Company Limited by Shares）などがある。このように，企業形態のイノベーションの系譜を調べてみると，17世紀に起きた連合東インド会社の設立のような，画期的なイノベーションなくして質的な発展はなかったことがわかる。さらに，そこにかかわる企業は，自らの創意・工夫によってさらに発展した形で成長するようになることもイノベーションの側面であろう。イノベーションをマネジメントするというのは，もちろん，社会にとって役に立つ，つまり経済効果を生み出すという目的だけではなく，イノベーションによって企業が儲かるという側面も持つのである。

（1）顧客の創造
　前章では，企業形態そのものも17世紀に起きた連合東インド会社の設立以来，様々な形態に変化していることが分かった。それでは，なぜ，企業形態のような，一見，イノベーションとは関係の薄そうな分野にもイノベーションが起こるのだろうか。また，多くの企業形態が存在するという意味はどのようなことであろうか。こうした企業の存在目的とは何かという単純な問いに対しても，様々な答えがある。例えば，より売り上げを上げるため，最大の利益を達成するため，株主価値最大化

のため，従業員の会社に対するロイヤリティ向上のため，など，いずれも重要な内容である。こうした多数の企業の存在目的に対し，ドラッカーは，「顧客の創造」という。

　ドラッカーの代表的な著書，『現代の経営（The Practice of Management)』に，この「顧客の創造」に関するよく知られた一節がある（Drucker, 1954：p.37）。

> 　もしもビジネスとは何かを知りたいのであれば，その目的に着目すべきである。その目的は，ビジネスそのもの以外のところにあるはずである。企業は公器であり，目的は社会である。企業の目的として有効な定義は1つしかない：顧客の創造なのである。

　この「顧客の創造」の定義をもう少しかみ砕くと，企業は，何を作るか，何を売るかを考えるよりも，顧客が何を求めているかを考えるほうが大事であり，その実現のための価値を提供すべきであるという意図に辿りつく。つまり，現代であれば，自動車メーカーは，低燃費で有害ガスを出さないクリーンな車を製造することを目指しているからこそ，社会に受け入れられているのである。しかし，ほんの20年前には，このような仕様は求められなかった。市場は，絶えず変化する。企業は，このような変化の中でも，中・長期的な視点でビジネスをとらえなければならない。つまり，目先の変化ばかりを追い続けると，顧客の創造がおぼつかなくなってしまうのである。自社にとって，顧客が期待するのはどの分野か，どの分野を選択し，経営資源を集中させればよいのかを見極め，資源を割り当て，実行するのが経営者の責務となる。

（2）企業の基本機能

　このように，企業の目的は，新たな顧客の創造であるであることを述べた。そのことから，企業には２つの基本的機能が存在する。すなわち，マーケティングとイノベーションである。ドラッカーは，成長を生み出すマーケティングと，企業に変化を創り出すイノベーションが企業本来の最も大切な機能であると指摘している。その関係を**図2-1**に示している。

　マーケティングは顧客がすでに持つ要求を探る活動であり，市場の変化を察知し，顕在化，あるいは，潜在化したニーズを解決する活動である。一方，イノベーションは，新しい欲求を創造し満足させる活動である。マーケティングとイノベーションは補完的な関係として機能する。マーケティング活動が滞ると，企業の短期的なビジネスに成果をもたらすことはできない。一方，イノベーションは，企業の中・長期的な成果を目指している。そして，マーケティングとイノベーションの両者をマネジメントするのが経営であり，具現化するのが企業の戦略である。

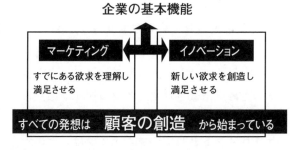

出典：ドラッカー著，上田訳（2015）より筆者作成

図2-1　企業の基本機能

3. マーケティングの役割

　「顧客の創造」が企業の究極の目的となることが本章の主旨となる。企業には，マーケティングとイノベーションという2つの重要な機能が存在することは前節ですでに述べた。本節では，まずドラッカーのマーケティングについて理解する。

　ドラッカーといえば「顧客の創造」という概念がよく知られているが，マーケティングに関しても，数多くの著作が残されている。現在は，デジタル・マーケティングの時代であり，ドラッカーの研究は20世紀中盤ということから，今から数十年前の理論かもしれない。しかしながら，ドラッカーのマーケティング理論の本質的な部分は，現代でも十分に，理解できるものである。

　分かりやすい事例で説明しよう。近年，健康志向から多くのサプリメントが揃っている。あらゆる効能のサプリメントがあるが，医薬品ではないため，その効能はなかなか自覚できないものが多い。最も，高価なサプリメントの1つに，プロテインがある。プロテインというと，スポーツアスリートが筋肉量を増やすために摂取するものと思っている人も多いだろう。現在市販されているプロテインには，原材料として，卵，牛乳，大豆と様々なものがあるが，例えば，大豆由来のプロテインは，筋肉量を増やす目的ではなく，むしろ，ダイエット目的で摂取する女性も多い。そのため，市販されているプロテインは，様々な原材料のプロテインを配合して販売している。

　それでは，サプリメントとしてのプロテインは，どの販売チャネルが最も売れているのだろうか。多くのサプリメントが売られているドラッグストアでは，さほど，売れていない。実は，カーブス，ライザップといったジムでの販売量が多いという。なぜであろうか。サプリメントと

いうのは，摂取するタイミングや量，そして組み合わせによって発揮される効能が変わる。知識の豊富なトップアスリートなどは，よく理解しているが，ダイエットを目指す人などは，筋肉量を増やし，代謝率を上げ，体脂肪率を下げるために，プロテインをどのように摂取するべきかなどといった知識を持ち合わせていないのが現実である。

　ライザップなどは，個人個人の目標，体力，体調などを独自開発した計測器で測定し，トレーニングの初めに飲むサプリメント，運動後のプロテインなど，すべてインストラクターが細かく指導している。また，食事ごとのカロリーや栄養素の量など，細かい指導を受けることができるのである。同様に，カーブスは，女性専用のジムで，主婦層や高齢の女性を中心に，手軽に筋力アップやカロリー消費ができるようなサーキットトレーニングを開発し，30分という無理ない負荷で運動を続けられるよう，身近な場所に数多く展開されており，現在では，世界で約7000店舗以上を展開している。やはり，運動後のサプリメントを指導しており，プロテインはダイエット用として，人気のオリジナル・サプリメントとして，販売されている。

　こうしたライザップやカーブスの仕組みは，水平展開が容易であり，例えば，ライザップでは，糖尿病の改善，カーブスでは，中高年男性といった，新たな展開で，顧客を創造し続けている。従来の，場所を提供するスポーツジムと違い，個人個人が自分の身体を知る場として，コンサルティングを受けることができ，効果的なサプリメントとともに，理想の体つくりを目指したいという，今までになかった顧客を創造し続けているのである。

　このように，「結果にコミットメントする」という新しいコンセプトを打ち出し，新しいサービスやサプリメントを提供することで高収益を出している。もちろん，こうしたサービスには，高品質であることは前

提である。その結果，新規獲得数も客単価も上がっている。つまり「場所を提供するスポーツジム」しかなかった市場に「身体のコンサルティング」を受けたいという顧客を創出し，大きな市場を作り出したのである。このようにイノベーションとマーケティングで「顧客の創造」を実現することは，成熟市場においても可能なのである。

　企業がマーケティングをする上で，ドラッカーが示した「顧客の創造」という概念をどのようにとらえればよいのか。これは「顧客を満足させる」ということではない。市場や環境，社会は常に変化していくものであり，それに伴い企業も変化が必要となる。イノベーションを起こし，マーケティングを行い，新たな顧客を創造し続けることが重要なのである。こうした新たな顧客が生み出され新たなマーケットが形成されていくのである。

　ドラッカーは次のように述べている（ドラッカー著・上田訳，1996：上巻 p.46）。

　　　企業が自ら生み出していると考えるものが，もっとも重要なのではない。特に企業の将来や成功にとって重要なのではない。顧客が買っていると考えるもの，価値と考えるものが決定的に重要である。

　日本では，多くの企業にとって，最も大事なものはと問うと，多くの場合，QCD（品質，コスト，供給能力）という答えが返ってくる。確かに，製造業，サービス業問わず，その品質は企業にとって重要なことは間違いない。一方，QCDは，その企業にとっては最重要テーマかもしれないが，顧客にとって最重要かどうかは，誰も分かっていない。つまり，自社の強み，すなわち"売り"にばかり関心が向かい，たとえ顧客

に関心を向けても，その多くが「経営者から見た顧客価値」であること
が多い。つまり，企業の内向きの論理として，競合他社には負けていな
い，過去の成功体験，企業理念などが優先されることが多いのである。

　それではドラッカーによる，「顧客が買っていると考えるもの，価値
と考えるものが決定的に重要」とは何を意味するのかを考えてみたい。
企業は製品やサービスを企画・設計するとき，製品差別化を意識し，他
社からの優位性や所有している技術の強みを前面に打ち出しがちになる
が，企業の思惑どおりに顧客が全く反応しないということは，珍しいこ
とではない。しかし，こうした顧客の行動を把握することこそ，企業の
マーケティングの課題となるのである。では「顧客が買っていると考え
るもの，価値と考えるもの」をどうやって把握すればいいのだろうか。

　以上，述べてきたように，ドラッカーは，企業は良いと思って作った
ものを売ろうとするが，市場が要求するもの，すなわち，「顧客が買っ
ていると考えるもの，価値と考えるもの」を売ることがマーケティング
だと述べているのである。この2つの考え方の違いは，マーケティング
を製品開発から始めるのか，顧客のニーズ，すなわち市場から始めるの
かの違いである。つまり，ドラッカーの考えるマーケティングとは，顧
客の視点から企業の製品を考え，企業全体で取り組むことである。企業
全体で取り組むには，顧客ニーズを満たし，顧客価値を創造することが
求められるのである。

4.　イノベーションの役割

　ドラッカーは，1954年に出版された『現代の経営』によって，イノ
ベーションという発想を経営学に持ち込んだ。その中で，イノベーショ
ンは，新しい欲求を創造し満足させる活動であり，マーケティングとイ
ノベーションは補完的な関係として機能すると述べている。そして，イ

ノベーションを産み出す7つの要素を示している。それぞれについて説明していこう。

①予想外のもの

製品やサービスを設計する際，必ず予想通りの結果が伴うとは限らない。それには，予想に反して失敗することも，また，思ったよりも上手くいくこともあるかもしれない。上手くいったケースにおいても，思ってもみなかった顧客が購入してくることもあるであろうし，逆に，競合企業が予想以上に良い製品を出してくることもある。大事なことは，予想外のことが起こった時には，運・不運で片付けるのではなく，次のビジネス展開を考えるきっかけとなるような発想を考えることである。

②ギャップ

ギャップとは，製品やサービスを購入する際，顧客の期待と購入後の知覚された品質との差異を表す。買ってみたら，期待したほどよくなかったとか，逆に，価格の割に良かったなどいろいろなギャップがある。

③ニーズ

ニーズとは，顧客が望むものである。顧客がすぐに想像できるような顕在ニーズと，顧客自身，気が付かない潜在ニーズとがある。企業は，顧客のニーズを的確に掴み，製品化，サービス化できれば，ビジネスの成功確率が上がることが期待できる。

④産業市場の変化

ドラッカーが活躍した20世紀中盤から現在まで60年近く経っている。その間，第3次産業革命といわれるコンピュータによる自動化や，近年ではデジタル化やクラウドといった大きな革新が起こり，人々の生活も大きく変わっている。こうした環境変化に対し，新規事業を進めてきた企業が，高い成長力を示すのである。

⑤人口動態

　現在，世界の人口は約 70 憶人と推定されている。しかし，それぞれ
の国で，出生率，平均寿命，人口構成など，大きく異なっている。例え
ば日本は，高齢者の比率が高く長寿社会といわれ，人生 100 年計画と
いった言葉を耳にすることも多くなった。そうなると，今までになかっ
た高齢者向けのサービスや製品市場が大きく成長し，参入企業も増え，
様々なイノベーションが起こる機会も増えてくることが予想できる。

⑥世論の変化

　持続可能な開発目標（SDGs：Sustainable Development Goals）は，
2015 年 9 月の国連サミットで加盟国の全会一致で採択された「持続可
能な開発のための 2030 アジェンダ」に記載された，2030 年までに持続
可能でよりよい世界を目指す国際目標である。そこに記載されているの
は，17 のゴールと 169 のターゲットである。SDGs は発展途上国だけで
はなく，先進国が取り組む世界共通の概念として広く受け入れられてい
る。こうした環境への関心は，エネルギー問題や，人々の健康志向を呼
び起こしている。このように，人々の意識の変化は世論として広がり，
さまざまなイノベーションが生まれる機会となっていく。

⑦新発明

　ドラッカーが最後に挙げたのが，新発明である。現代でも，多くのイ
ノベーションは科学的発見をもとに起こっている，という考え方があ
る。一方，「必要は発明の母」という格言がある。必要に迫られると，
おのずから発明や工夫がなされるという考え方がある。いずれの場合に
おいても，新発明がイノベーションにつながることがある。

　以上，ドラッカーによるイノベーションを産み出す 7 つの要素を説明
したが，実は成功する順番であるとの説明が付されている。つまり，7

番目に書かれた新発明は，直感的には最もイノベーションに結びつきそうであるが，ドラッカーは最後に挙げているのである。イノベーションを産み出す7つの要素について見てきたが，さらにドラッカーは，『イノベーションと企業家精神』の中で，こうした要素をいかにイノベーションに結びつけるかにまで言及している。以下この点について説明しよう。

　新事業は，既存の事業から分離して組織しなければならない。既存の組織に起業家的な新事業を行わせるならば，失敗する確率は高い。つまり，日本企業では，兼任という形態が多く取られる。しかしながら，新事業というのは，片手間で行えるほど容易なものではない。また，新しい事業というのは，既存事業の売上に影響することがあり，共倒れに終わることも多々，考えられる。そのため，新事業と既存事業を兼任するとすれば，イノベーション活動が滞ってしまう。したがって，イノベーションを進めるためには，イノベーションを起こすのに最適な人材を社長直轄で，既存事業とは完全に切り離して担当させる必要がある。

　それでは，イノベーションの機会はどのように考えればよいのだろうか。製品・サービス，市場，流通におけるイノベーションである。このように，ドラッカーは，いかなる企業にも，3種類のイノベーションがあると説く。その中でも，ITが進化した現代におけるGAFA（Google, Apple, Facebook, Amazon）のような新たなエコシステムというイノベーションの出現は，さすがのドラッカーも予想できなかったであろう。

　イノベーションについての見解の最後に，ドラッカーは，「未来をつくるためには勇気が必要である」という格言を残している。誰も予想し得ない未来に投資し，リスクを負って新しい事業にチャレンジしていくには，さまざまな経験や過去の成功体験に基づく意思決定はもちろん大

事であるが，最も重要であるのは，経営者自らのやってみたいと思う熱
意が新たなイノベーションの創造につながる，ということを伝えたかっ
たのであろう。

5. まとめ

　以上，ドラッカーによるイノベーションの見方を中心に述べてきた。
ドラッカーはその著書『現代の経営』の中で，「企業とは，成長，拡大，
変化のための機関である」とし，その成長や拡大を実現するためにイノ
ベーションが必要であると主張したのである。本章でも述べたが，ド
ラッカーは，イノベーションを初めて定義したシュンペーターに大きな
影響を受けている。しかしながら，イノベーションを担う企業家につい
ては少し異なる見解を示した。シュンペーターは，1947年に発表した
論文で，企業家の役割を「単に新しいことを行い，すでに行われてきた
ことを新たな方法で行うということ」と指摘し，「卓越した能力と野心
的な動機をもって事業に取り組む者」と主張した（シュンペーター著・
清成編訳，1998）。これに対し，ドラッカーは，イノベーションとは方
法論であり，企業家とはこの方法論を用いて，「変化を探し，変化に対
応し，変化を機会として利用する」者であると主張した。このように，
ドラッカーはシュンペーターの考える企業家というものを否定している
わけではない。イノベーションについて理解を深め，方法論として用い
ることができれば，誰でも企業家になれるという主張なのである。ド
ラッカーは『イノベーションと企業家精神』において，「イノベーショ
ンと企業家精神は才能やひらめきなどの神秘的なものとして議論される
ことが多いが，本書はそれらを体系化することができ，しかも体系化す
べき課題すなわち体系的な仕事としてとらえた」と本の冒頭で述べてい
る。これこそが，ドラッカーが示すイノベーションの考え方である。

学習課題

1．ドラッカーは，マーケティングとイノベーションをどのように区別
　したのでしょうか？
2．ドラッカーは，イノベーションを起こす要素を7つ挙げています。
　身近な事例で，どのようなイノベーションが起こったのか考えてみて
　ください。
3．ドラッカーの描く企業家は，シュンペーターとはどのように違って
　いたのでしょうか？

参考文献

J. A. シュンペーター著, 清成忠男編訳（1998）『企業家とは何か』東洋経済新報社,
　第3章（Schumpeter, J. A.,（1947）"The Creative Response in Economic
　History"（*Journal of Economic History*, Nov. 1947）

P. F. ドラッカー著, 上田惇生編訳（1996）『[新訳] 現代の経営〈上〉〈下〉』ダイヤ
　モンド社〔原書：Drucker, P. F.（1954）*The practice of management*, New York:
　Harper & Row〕

P. F. ドラッカー著, 上田惇生編訳（2010）『[英和対訳] 決定版　ドラッカー名言集』
　ダイヤモンド社

P. F. ドラッカー著, 上田惇生編訳（2015）『イノベーションと企業家精神【エッセ
　ンシャル版】』ダイヤモンド社〔原書：Drucker, P. F.（1985）*Innovation and
　Entrepreneurship*, New York: Harper & Row〕

3 | 科学的発見とイノベーション

伊藤 宗彦

《目標＆ポイント》「イノベーションは科学的発見から生まれる」という命題は正しいのであろうか。確かに，科学者による基礎的な発見や理論がイノベーションに結びついている事例は多い。そのために，大学と産業界の連携が重要であることも確かである。しかし，イノベーションのアイデアそのものが市場から生まれることがある。そのためにイノベーションを生み出す上で，その実現に強い関心を持つユーザーの声に耳を傾けることは大切なのである。
《キーワード》 イノベーション，科学的発見，リニアモデル，連鎖モデル，テクノロジー・プッシュ，デマンド・プル

1. イノベーションの発生

　イノベーションはもちろん英語の「innovation」であり，その語源は，ラテン語の「innovare」に由来し，「刷新する」という意味を持つ。英英辞典で「innovation」を引くと，新しいアイデアや手法を生み出す，という意味で訳される。日本語の辞書では「技術革新」などと訳されている。「技術革新」という和訳がいつから使用されているかは定かではないが，「イノベーション」という言葉を「技術革新」と訳してしまったため，イノベーションを全く新しい技術的発明だと理解してしまうのであろう。これは，英語の意味からわかるように，既存の商品や仕組みなどに対して，新しい考え方や作る過程やその方法，そして，技術を取り入れ，社会に大きな変革をもたらすプロセスまでをも包含した広い概

念である。おそらく，中国語の「創新」のほうが，イノベーションを理解するうえで，本来の意味に近いのではないだろうか。現代では，イノベーションは，ビジネスをするうえで，日常的に使われる言葉になっている。一方，「イノベーション」の意味が広く，ビジネスの現場において多様な使われ方がされるようになった。たとえば，新しい技術は当然であるが，新たな価値の実現やマーケティング方法，組織改革や新たな企業買収の仕方など，様々なビジネスの場面で「イノベーション」という言葉が使われている。本章では，イノベーションについて，イノベーションはどのように生まれるのか，誰が生み出すのか，どのようにマーケティングと結びつくのか，という観点より考えてみる。

2. 科学とイノベーション

「イノベーションは科学的発見から生まれる」という命題は正しいのであろうか。

① 1935 年，アメリカの化学メーカーのデュポンの研究員だったカロザースが，ヘキサメチレンジアミンとアジピン酸を混ぜたところ，比重の異なる２つの液体の境界にポリアミド6-6ができた。これが後にナイロンと命名された。当時，女性のあこがれは絹（シルク）で，高価な繊維であった。カロザースが発見したナイロンは，絹よりも細く，丈夫で，安価であり，世界に衝撃を与えた。1940 年，ナイロンで造られたストッキングが初めて商品化された。発売後，４日間で500万足のストッキングが販売された。ナイロンの発明後，世界中で様々な合成繊維が発明されるようになった。

② 1831 年，イギリスの物理学者，M.ファラデーは，コイル内の磁場を変化させると電流が流れる，という電磁誘導現象を発見した。高校の物理の授業の中では，「フレミング左手の法則」と習ったことがあるで

あろう。左手の親指，人差し指，中指をそれぞれ90度開いたとき，磁界の向きが人差し指，電流の向きが中指であり，親指の方向に力が発生するのである。この現象を利用すると，磁石とコイルに力が加われば電気が発生する。最近，見ることが少なくなったが，自転車に取り付けられた電気ライトがある。回転軸に取り付けられた磁石の周りにコイルが配置され，タイヤが回ると回転軸に取り付けられた磁石が回転し，この結果，電磁誘導により電気が発生する仕組みである。同様の仕組みは，ベルやモーターにも応用され。最近では，発電所の発電機や電話の交換機に使用されるリレー，ＩＨクッキングヒーターなどにも応用されている。

　③1972年，コーエンはボイヤーとともに，遺伝子を結合，移植する方法を開発した。4年後，ボイヤーは，ベンチャー投資家だったスワンソンとともにジェネンテック社を設立した。企業の設立とバイオテクノロジー工場の創設に加えて，ボイヤーは，組換えDNA技術で特許を取得した。これは，生物学における最初の特許であり，特許の請求者であるスタンフォード大学に多大な収入を生んだ。組換えDNA技術を使ったヒトインシュリンの合成手法を開発したジェネンテックは，世界でも最も大きなバイオテクノロジー企業の1つとなった。

　以上，科学者による基礎的な発見や理論がイノベーションに結びついている3つの事例を示した。これらの事例は，分野は異なるものの，人々の生活に多いに役に立つ製品として市場化されて，なおかつ，企業に大きな利益をもたらしている。イノベーションとは，新しい価値を生み，経済的効果をもたらすものであることが分かる。以上は，科学的発見がイノベーションに結びついた事例である。

　それでは，イノベーションは，科学的発見からしか生まれないのであ

ろうか。イノベーションのアイデアそのものも市場から生まれることがある。イノベーションの多くのアイデアはユーザーから出ている。イノベーションを生み出す上で，その実現に強い関心を持つユーザーの声に耳を傾けることは大切なのである。

　「発明は必要の母」という格言がある。これは，必要に駆られて発明されるのではなく，発明された後に用途が見つかるという意味である。

　いくつかの事例を見てみよう。

　④1769 年，ジェームズ・ワットは蒸気機関の実用化に成功した。さらに1784 年には，汎用的な動力源として様々な用途に応用できるようにし，多くの業績を残した。当時のイギリスでは，暖房用の燃料として石炭の需要が高まっていた。炭鉱では石炭を掘る際に出る水のために生産性が上がらないという問題が生じていた。そのため，水をポンプで汲み出すという限られた目的で炭坑において気圧機関が使われていた。当時，器具製造業者であったワットは，気圧機関の修理を依頼された。ワットは気圧機関の不良の原因は，蒸気の注入と凝縮に起因していると考え，その改良に取り組んだ。1769 年，ワットはシリンダーと冷却装置を分離し，蒸気の力だけでピストンを動かす蒸気機関を製造したが，排水用ポンプの動力としては不十分であった。1781 年，ワットは，ピストンの上下運動を回転運動に変換させることによって，高性能の蒸気機関を完成させた。その後，蒸気機関はポンプとしてだけでなく，工場の機械を動かす動力として利用されるようになった。つまり，ワットの業績は，蒸気機関を動力として実用化し，繊維産業を始めとして，さまざまな産業や鉄道といった第 1 次産業革命をもたらしたのである。

　⑤1877 年，トーマス・エジソンは蓄音機を発明した。当時，盲人用の本の朗読の録音，メッセージの録音，英語の録音教材など様々な使い道が考えられた。様々な用途が考えられたが，決定的な用途には考えが

至らず，エジソンも興味を失いかけていた。その間，エジソンは，蓄音機には商業的価値がないと告げたことさえある。ところが，数年後，蓄音機を口述用録音再生器として発売した。しかし，ジュークボックスが販売されると，主要な用途を，音楽の録音再生用にすべきであることに思い至るのである。結果的に，音楽の録音再生器として販売されるまで，蓄音機の発明から約20年の月日が経っていた。

　科学的発明がイノベーションを生むのではなく，発明後に用途が見つかりイノベーションが起こることがあるということが，上記，2つの事例から分かる。技術は，優秀な科学者によって，突発的に見いだされることもあるが，時間をかけて少しずつ進歩することもある。また，技術は，必要に応じて発明・開発されるだけでなく，発明・開発された後，新たな用途に応用されることも多い。これが，「必要は発明の母」と形容される所以である。このように，ワットもエジソンも，先駆者たちの残した技術資産を生かして，新たな用途を見出すことによってイノベーションを起こすことに成功した。その際，彼らの発明した技術が優れていたからこそ，社会のニーズに答えることができたのである。

3.　リニアモデルと連鎖モデル

　前節では，科学とイノベーションについて述べてきた。本節では，企業の中で，イノベーション活動はどのように行われてきたのかについて考えてみよう。21世紀に入り，企業における研究所のあり方が，大きく変わってきた。特に，企業が基礎研究を行う機会が少なくなり，既存事業に関係する研究テーマが中心となってきた。つまり，中長期的に競争優位性を確立する目的の基礎研究から，既存の事業分野に関連する研究へと重点分野が変化した。この背景には，イノベーションを生むプロ

セス，すなわちイノベーションの開発プロセスが変容してきたことがある。大きく分けると，リニアモデルと連鎖モデルという2つの製品開発プロセスが存在する。それぞれについて説明しよう。

（1）リニアモデル

　日本の高度成長が続く1960年から1990年代にかけて，大企業の多くは，基礎研究を重点課題に置く，中央研究所を配置していた。それでは，研究所で行う活動において，基礎研究，研究，開発というのはどのように区別されるのであろうか。基礎研究とは，主に自然現象における科学的知識の獲得を目指すものであり，研究とは事業化に直接，結びつかない新知識の獲得活動を指す。開発とは，事業化，市場化を目指した新製品，新技術の設計・試作・実験を意味している。このように，基礎研究，研究，開発というのは，非常に似通った概念ではあるが，企業の製品開発活動においては，プロセスとして区別されている。

　それでは，製品開発プロセスとはどのような活動を指すのであろうか。製品開発は，市場で販売される新商品の製品設計を行う企業活動であり，生産工程の設計および工場生産の準備，さらには，マーケティング活動の計画までも含む。この一連の活動は「リニアモデル」と呼ばれており，多くの企業の標準となっている。図3-1に示すように，リニアモデルとは，企業内での「研究→開発→生産→マーケティング」という垂直的な製品開発の流れを示している。このような垂直的なプロセスが，革新的な製品やサービスが生み出すと考えられ，多くの企業で採用されていたプロセスである。各プロセスの役割は以下のようになる：

　①研究プロセス

　開発担当者が，製品イメージを決めるプロセスである。この段階で，どのような設計で，どのような技術を使い，どのような部品をどう構成

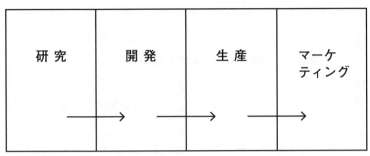

（筆者作成）

図3-1　リニアモデル

するかといった設計構想を決める。製品の成否が決まる重要なプロセスである。

②開発プロセス

設計構想に基づき，より具体的に設計をすすめ，強度，品質などの作りこみを行うプロセスである。その間，施策や製品品質のシミュレーションなどが行われる。

③生産プロセス

新製品，新技術の設計・試作・実験の結果をもとに，製品を生産する工程の設計，材料の調達方法，受け入れ基準，製品の品質検査項目などを決めるプロセスである。

④マーケティング・プロセス

マーケティングは，財・サービスの流れを生産部門から最終ユーザーに方向づけるビジネス活動である。企業から顧客に届くまでの，流通や宣伝広告，価格設定などビジネスを支える重要なフェーズである。

多くの企業では研究段階から開発，生産，マーケティングと各プロセスに移る際，デザインレビューを実施している。デザインレビューと

は，製造，品質保証，マーケティングなど，製品開発に関わる部門の責任者が参加して開発・設計の内容について審査するプロセスであり，テーマのgoかstopかを決める意思決定の仕組みである。リニアモデルでは，研究，開発，生産，マーケティング，それぞれのプロセス間でこのデザインレビューが行われるが，テーマが廃案となることも珍しくはない。

　こうした各プロセスを図式化したのが，**図3-2**である。図は，横軸に研究，開発，生産，マーケティングとプロセスの推移を表している。縦軸には，事業化を阻む3つの関門を表している。それぞれの障壁について説明しよう。第一に，研究段階から開発段階に関門がある。研究と開発プロセスの間に存在する課題が大きな障壁となることから「魔の川」と呼ばれている。この障壁を乗り越えることができず，研究だけで

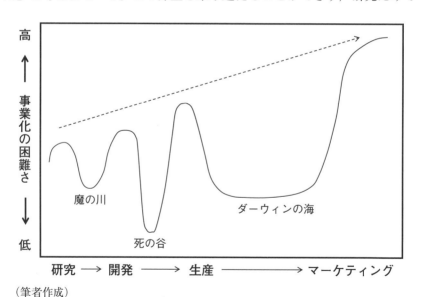

（筆者作成）

図3-2　リニアモデルにおける3つの関門

終わってしまうプロジェクトも実際には多い。たとえ「魔の川」を乗り越えても，製品化にたどり着くためには，「死の谷」と呼ばれる第二の障壁が待ち受けている。生産工程，資材などへの多額の設備投資が必要である。事業化にはその他にも，人材，研究費，品質保証など多額の投資が必要である。そのため「死の谷」という障壁は非常に険しい。第三の障壁は，「ダーウィンの海」である。進化の要因として，チャールズ・ダーウィンの自然淘汰の法則になぞらえたものである。多様な生物の生存競争により，環境によりよく適応したものが強い子孫を残すことをなぞらえている。「ダーウィンの海」とは，研究，開発，生産という関門を切り抜け，事業化までこぎつけた製品やサービスが，市場という外部環境にさらされる状況を指す。企業にとって，研究，開発，生産という投資を重ねるにしたがって，障壁が高くなるのである。

　以上，リニアモデルに従って，研究，開発，生産，マーケティングと各プロセス間の障壁を見てきた。1960〜1990年代には，多くの大企業が中央研究所で基礎研究を行う，いわゆる「リニアモデル」というプロセスがイノベーションを創出する一般的な考え方であった。しかし，2000年以降，リニアモデルのような，1つの企業の中で完結する垂直統合的なものづくりのプロセスが減りつつある。これは，イノベーション創出におけるリニアモデルの終焉を意味する。したがって，企業では，中央研究所が担っていた基礎研究を行わなくなり，新事業・新製品開発中心の研究体制へと変革しているのである。

（2）連鎖モデル

　前項では，研究開発のプロセスについてリニアモデルという観点より見てきた，本項では，科学的発見をもとに，試行錯誤や創意工夫を凝らし，組織全体が開発に関わることによってイノベーションを生み出す，

連鎖モデルについて述べる。リニアモデルは，研究結果を始点として，開発，生産へという一方通行のプロセスであった。そのプロセスにおいて，デザインレビューなどの関門を克服したテーマのみが次のプロセスに進むことができる。その際，新たなイノベーションに影響を与える研究成果は，テーマの最も初期のプロセスに関与するだけであり，その後のプロセスには，関与が薄くなることが起こる。現状，多くの企業で行われているイノベーション発生のプロセスが，リニアモデルであるならば，研究段階での成果を上げるため，さらに多くの労力をかける必要がある。その際，基礎研究を含め，より多くの研究費が必要となるのは明らかである。

　一方で，現在では，多くの企業が基礎研究に注力する比重を下げていることも事実である。これは，多額の研究投資を行った企業が，イノベーションによる優位性を発揮し，経営数字に反映されるとは限らないことを表している。つまり，巨額の研究投資をしなくてもイノベーションを生み出している企業は多数存在する。こういった企業は，リニアモデル以外のプロセスでイノベーションを生み出している。

　図3-3に示す連鎖モデル（Chain-Linked Model）という，リニアモデルとは全く異なり，研究，知識，業務という3つのプロセスから構成される研究開発プロセスが提唱された。リニアモデルの場合，研究，特に基礎研究などの結果，科学的発見に基づいて新たな製品，市場が創造されてきた。一方，連鎖モデルでは，顧客や市場ニーズ，潜在的な需要を想定し，製品を開発し，生産，マーケティングまで進める業務プロセスとなる。その間，様々な，内的・外的要因による課題，問題が生じることがある。例えば，問題解決のために，前のプロセスに設計を戻したり，そのプロセスに必要な技術が不足しているため，研究部門の助けが必要になったり，さらには，問題解決できない場合，新たな研究課題と

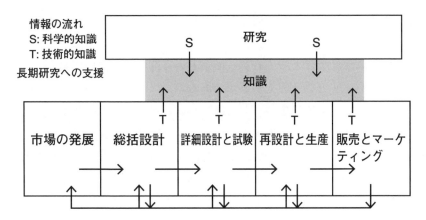

出典：Kline and Rosenberg（1986），p.290を参考に筆者作成

図3-3　連鎖モデル

して，一から取り組むようなことも起こる。

　また，リニアモデルの場合，科学的発見を必ず，スタート時点とするが，連鎖モデルでは，多様なテーマからのスタートが可能である。特に，市場ニーズや新たな需要が見込める製品が想定された場合，いきなり，設計からスタートすることもある。しかしながら，研究はあらゆるプロセスの段階で，必ず関与することになる。また，設計，生産，マーケティングと業務プロセスは，研究へのフィードバックによって，知識という形で蓄積され，その知識が，さらに，将来の業務プロセスに生かされ，知識レベルがスパイラルアップしていくことが，連鎖モデルの特徴である。

4. テクノロジー・プッシュとデマンド・プル

　これまで述べてきたように，イノベーションの発生プロセスには，科学的発見がイノベーションにつながるという考え方と，市場ニーズや新

たな需要がきっかけとなり製品開発が行われ，イノベーションが生まれるという考え方，2つの考え方があることを示した。いずれが正しいのか，いずれが社会にとって有益なのかという問いには，いずれも不可欠な概念である，という答えが適切である。

　イノベーションの発生プロセスは，シュンペーターの時代から進化してきた。当初は，科学の進歩がイノベーション発生の主要な要因とされてきた。これが，科学的発見によって，イノベーションが生まれるという考え方であり，テクノロジー・プッシュ（technology push）と呼ばれる考え方である。一方，イノベーションの出発点は市場ニーズであるとするデマンド・プル（demand pull）は，1986年頃より，連鎖モデルによって，説明されてきた。それは，連鎖モデルによるイノベーション発生プロセスの出発点は，科学的発見ではなく，市場ニーズである，という対照的な考え方となっている。

　従来の研究では，技術開発を先行させるテクノロジー・プッシュより，デマンド・プルのほうが，イノベーション発生の確率が高いと言われてきた。ただし，連鎖モデルにも研究開発マネジメント上の困難さが存在する。具体的に言うと，連鎖モデルは，研究，知識，マネジメントというイノベーションを生むシステムが，マトリクス構造になる必要性がある。例えば，研究部門の研究者が，科学的発見のための研究だけではなく，研究で得られた知識を生かし，様々なプロジェクトにも参画する仕組みを，企業は持つ必要がある。

　こうしたマトリクス組織でよく知られた企業に，花王がある。花王の研究開発部門は，基礎研究を受け持つ「基盤技術研究」と，市場ニーズを具現化する「商品開発研究」が協力できるマトリクス組織となっている。たとえばシャンプー，洗剤に共通の基盤技術である界面活性剤や香料といった技術を受けもつ基盤技術研究に携わる研究者は，社内で実行

されている研究開発内容について，自由に閲覧できる。基礎研究，商品開発に限らず，あらゆるテーマに介在することができるのである。一見，非効率的に見える仕組みであるが，これが，組織を超えて知識が移転できる最も効率的な仕組みと考えられている。

　以上，テクノロジー・プッシュとデマンド・プルの考え方についてみてきた。いずれのモデルが，よりイノベーションを生みやすいかという実証的な数字を示すことはできない。しかし，これからのイノベーション・マネジメントでは，市場ニーズを起点とし，研究者，開発担当者が知識を出し合う，デマンド・プルの考え方が，多くの企業で主流となりつつある。

5.　まとめ

　本章は，「イノベーションは科学的発見から生まれる」という命題は正しいのであろうか，という問いかけから始まった。この問いに対しては，科学者による基礎的な発見や理論がイノベーションに結びついている事例は多いことを示した。一方で，イノベーションのアイデアそのものが市場から生まれることがある。それぞれの場合に応じた，イノベーションを発生させるプロセスには，リニアモデルと連鎖モデルがあり，それぞれが科学的発見を起点としたテクノロジー・プッシュ，市場ニーズの実現を目指すデマンド・プルという考え方を背景にもつことを示してきた。

　リニアモデルと連鎖モデル，テクノロジー・プッシュとデマンド・プル，それぞれの対比を見てきたが，イノベーション活動の最適化という観点より見た場合，どちらが適切な選択となるのかという議論はすべきでないというのが，現在の考え方である。それぞれをどのように補完しあうかという観点からイノベーションのマネジメントを行うというの

が，今後の課題となると思われる。イノベーションという成果を見据え，常に最適な研究開発プロセスを目指す必要がある。多くのイノベーションを生み続けている企業では，必ず，実践されているのである。

学習課題

1. 科学的発見から生まれたイノベーションを調べてみてください。
2. 「必要は発明の母」という考え方は，どのように企業のイノベーション活動に結びつけていけばよいのでしょうか？
3. テクノロジー・プッシュとデマンド・プルを対立した関係ではなく，補完的な関係として考えるにはどのようなマネジメントが必要でしょうか？

参考文献

Godin, B. (2006) "The Linear Model of Innovation: The Historical Construction of an Analytical Framework," *Science, Technology, & Human Values*, Vol. 31, No. 6 (Nov., 2006).

Kline, Stephen J. and Nathan Rosenberg (1986) "An Overview of Innovation." In *The Positive Sum Strategy*, edited by Ralph Landau and Nathan Rosenberg, Washington, D.C.: National Academy Press, p.290.

小川進 (2000)『イノベーションの発生論理—メーカー主導の開発体制を越えて』千倉書房

4 | イノベーションの普及

伊藤 宗彦

《目標＆ポイント》　新しい財やサービスが市場で広く使用されていくプロセスは，イノベーションの普及理論として1960年頃より研究されてきた。本章では，スタンフォード大学の教授E. ロジャーズの著書『イノベーション普及学』によって提唱されたイノベーター理論を中心に，イノベーションの普及について理解を深める。その他にも，関連する普及理論として，普及プロセスに関するバスモデル（Bass Model），キャズム理論（Chasm）についても説明する。
《キーワード》　普及理論，バスモデル，ロジット曲線，オピニオンリーダー，イノベーター理論，キャズム

1. はじめに

　企業が多くの資源をつぎ込み，ようやく市場化できた財やサービスが，市場で受け入れられたとき，初めてイノベーションとして認められる。市場化されるまでに「死の谷」，「ダーウィンの海」といった試練を乗り越えて市場化しても，世の中に受け入れられ，企業の収益に貢献できるまで，イノベーションとは認められない。本章では，企業によって市場化された財やサービスが，イノベーションとして，どのように認知され，市場に広がっていくのか，そのプロセスについて学ぶ。

　イノベーションが市場に広く受け入れられることを「普及」という言葉で表すと，イノベーションの普及をマネジメントすることは，企業のマーケティング活動そのものと理解できる。本章では，イノベーション

の普及について，広く知られている，バスによる「バスモデル」，ロジャーズの「イノベーションの普及理論」，さらに，ムーアの「キャズム理論」について学ぶ。この3つの理論はすべて，イノベーションの普及というテーマにおいて，必ず引用されるよく知られた理論である。それぞれの理論では，財やサービスといったイノベーションが市場に普及していく過程に着目しているが，その分析の視点は大きく異なっている。それぞれの方法を理解することにより，イノベーションの普及について理解を深めていきたい。

2. バスモデル

　新製品の普及プロセスをシミュレーションする数量化モデルを，その提唱者の名前から，バスモデルと呼ぶ。バスモデルは，ある時点でまだその財やサービスの未購入者が，一定期間内に購入する確率は，他人に影響されない購入意欲と既購入者数の増加による乗り遅れまいとする気持ちとの和で表現されることを前提としたモデルである。頻繁に購入を繰り返さない耐久消費財，例えば自動車，大型テレビのように，漸進的に技術が革新される財の普及プロセスを予想する数理モデルである。バスモデルは，以下の仮定をもとにしている。①普及を規定する期間内の反復購入は考慮しない，②一人が複数の同じ財を購入することを仮定しない，③市場には，自身の意思で購入を決めるタイプと，他人の意見に影響を受け購入を決める2つのタイプの購入者を想定している。

　さらに，自分の意思で購入を決めるタイプの購入確率は一定，他者の購入から影響を受ける人の購入確率は時間とともに増える，と仮定する。図4-1に，このバスモデルの考え方を示す。バスモデルでは，それぞれの購入確率を示すパラメータを設定することにより，新規採用者数を求めている。つまり，**図4-1**にある非購入者から新規購入者への

58

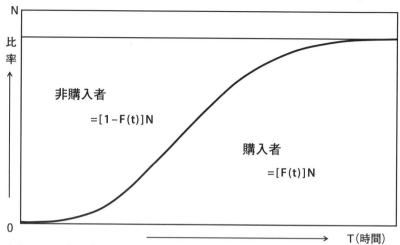

出典：Bass（1969）より筆者作成

図4-1　バスモデルの考え方

変換プロセスを数式化することによって，購入者数を予測するのである。

　Bass（1969）では，1947年に発売された家庭用エアコンが1960年までに，どのように普及したのかをシミュレーションしている。解説しよう。まず，**図4-1**より，F(t)をエアコンの発売後t期におけるエアコンの購入比率とし，市場規模Nにおける購入者数は，[F(t)]Nと表すことができる。同様に，非購入者数は，[1-F(t)]Nとなる。ここで，購入者は，非購入者より，pという割合で，また，非購入者のうちqF(t)の割合で購入するとする。このように設定すると，エアコンの発売後t期におけるエアコンの売上数N(t)は，

$$N(t) = [p + qF(t)] [1 - F(t)]N$$

という式で表されることが分かる。ここで，実際のエアコンの発売後の

初期データにより，上式の，３つの定数，p，q，Nの数値を決めること
ができれば，t期の売上を推定することができる。Bass（1969）より
抜粋した**図4-2**を参照すると，実際のエアコンの普及と数式によるシ
ミュレーションは，よく適合することが分かる。

　以上，バスモデルの概要を述べてきたが，シミュレーションによる予
測と実際の売上推移とを比較した。本章では，さらにロジャーズの普及

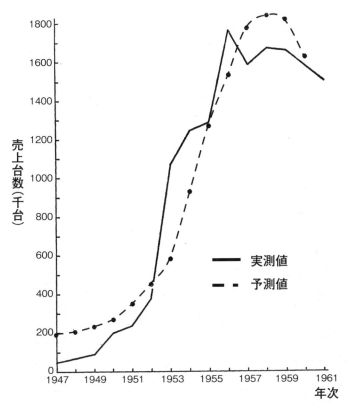

出典：Bass（1969），p.219より筆者作成
図4-2　Bass（1969）によるエアコンの普及グラフ＊

理論の説明もするが，マーケティング・サイエンスの領域では，バスモデルを参照した研究が主流であった。その理由は，バスモデルは非常にシンプルなモデルであること，そして，市場規模，財の販売初期の購入者の割合や，非購入者が購入者に転じる割合などのデータを使用することができれば，さらに，シミュレーションの精緻化を進められるようになること，という2点である。

　バスモデルは，非常にシンプルで使いやすいことから，学術，実務，いずれにおいても，数々の事例研究が続けられており，モデルの精緻化も進んでいる。一方，バスモデルは万能ではなく，主に，耐久消費財を中心とした新規購入が多い市場で使用されている。

3. イノベーションの普及

　イノベーションの普及については，スタンフォード大学のE.ロジャーズによる「技術革新の普及過程」の研究がよく知られている。特に，1962年に刊行された『イノベーション普及学（Diffusion of Innovations）』は，現在のSNS等による口コミによる情報の拡散の説明にも使われるなど，広く社会で応用されている理論である。ロジャーズはこの本の中で，南米の小さな村での出来事を事例として挙げている。大変，興味深い事例なので，紹介しておこう。

　ペルーの公衆衛生部局が，1980年から2年間，ペルーの海岸地域のロス・モリノスという小さい村で，村民の健康状態の改善と長寿命化を図るため，キャンペーンを実施した。このキャンペーンは，トイレを設ける，毎日ゴミを燃やす，家蠅をなくす，感染病を衛生局に報告する，飲み水を沸かす，という内容であった。このキャンペーンのうち，飲み水の煮沸は特に重要な要件であった。というのも，感染病にかかって治癒した患者が，その後，生水を飲むとすぐに病気が再発し，診療所に舞

い戻ってしまうことが度々，起こっていた。ロス・モリノス村には200世帯ほどの農民が住んでいたが，結局，飲み水の煮沸キャンペーンに協力したのはたったの11世帯であった。キャンペーンを推進した医師や協力した村の主婦15名の説得にも関わらず，キャンペーンは大失敗に終わった。

　ではなぜ失敗したのか，考察が加えられた。この村では，伝統的に熱い食べ物は，病人が食べるものという習慣があった。したがって，水を煮沸するということは病人の飲み物になる。村の規範に照らし合わせると，病人以外は，お湯を飲んではいけないことになっている。つまり，水を煮沸して飲むということは，この村のコミュニティの規範に反する行為とみなされるのであった。新しいやり方，つまり，村民にとってのイノベーションの採用ないし拒絶には，村民のネットワーク，地域特有の知識体系の理解が不可欠であったのである。

　一方，この事例研究には，見落としてはならない視点がある。水の煮沸に協力した11世帯の主婦である。煮沸キャンペーンに協力した村民の一部は，村の周縁部に暮らしていた。つまり，煮沸キャンペーンに協力した村民は，社会的に高い地位にある公衆衛生部の歓心を買うために協力したのであって，煮沸による健康知識を理解して採用したわけではなかった。また，村のリーダーを抱き込み，オピニオンリーダーとしての役割を負わす努力も怠ったことも，普及しなかった要因であることが確認された。つまり，村の実力者の協力を得られていれば，この煮沸キャンペーンはもっと良い結果に終わったかもしれない。

　この事例から得られる教訓は2点ある。まず，イノベーションの普及は社会的な過程であることである。次に，イノベーションの普及に関わる，オピニオンリーダーの存在の重要性がある。そこには，学術的知識や技術的な優位性は存在しない。ペルーの公衆衛生部局の実験がもたら

した，イノベーションの普及に関する知見である。

（1）イノベーションの普及という概念

　前項で述べたように，イノベーションというのは，いかに優れている
ものでも，その普及には障害があり時間も要する。そのため，ビジネス
という観点からみると，新しいイノベーションの普及速度をいかに上げ
るのかということでその成否が決まってしまう。ロジャーズの理論によ
ると，イノベーションの普及とは，様々なコミュニケーションチャネル
を通じて時間経過とともに社会システムの中にイノベーションが伝達さ
れていくプロセスである。ここで，コミュニケーションとは，それぞれ
の参加者がイノベーションについて完全に理解するために行う，相互理
解のための意見交換を指す。

　例えば，新しいスマートフォンが発売されたとしよう。近年では，
SNS（Social networking service）を通じて，購入した人がその使い勝
手や機能について，自由に意見を発信することができ，その意見に対し
て，また様々な反応をすることができる。つまり，SNS によって，距
離的に離れていても，新しいスマートフォンに興味がある人たちの間で
は，自由にコミュニケーションが取れることになる。新製品が発売され
た場合，その新しい機能などの出来不出来，使い勝手の良し悪しによっ
て，普及が成功するかしないか決まってしまうことになる。つまり，
SNS というコミュニティの中では，意見を積極的に述べる人，つまり
オピニオンリーダーの意見が影響力を持つことになる。また，新しいス
マートフォンが普及するには，徹夜で並んで購入し，その感想をいの一
番に SNS に書き込み，意見を述べるオピニオンリーダーの存在が必要
不可欠となっている。このように，イノベーションの普及は社会的な過
程であり，そこには，アカデミックな分析や技術的な優位性よりも，オ

ピニオンリーダーの存在の重要性がある。

　以上の議論をまとめると，イノベーションの普及とは，コミュニケーションチャネルを通じて，社会でのコミュニティ間で伝達されるプロセスを指す。イノベーションの普及に欠かせない要素としては，イノベーション，コミュニケーション，時間経緯，そしてコミュニティなど社会システムなのである。

（2）イノベーションの普及パターン

　我々は，テレビ，スマートフォン，乗用車，自転車など，様々な製品やサービスに囲まれて生活している。一方で，例えば，フィルム式のカメラやマッチなど，かつては，生活必需品であったにも関わらず，目にしなくなった製品も多い。我々が，現在，手にしている多くの財やサービスは，いつか必ず需要が頭打ちとなる。その後，新たなイノベーションに置き換わり，消えていくことになる。多くの場合，新たなイノベーションによるモノやサービスの需要と供給は市場導入後，増加傾向にある。しかし，イノベーションのインパクトは，時間とともに落ち着き，成長率は鈍化し，やがて，ゼロに収束していく。つまり，イノベーションの成長プロセスは，一定の成長率でリニアに伸びていく直線的なものでも，成長率が指数関数的に伸び続けるものではない。

　このような成長を時間軸とともに描いたものが「ロジスティック曲線」（logistic curve）と呼ばれるＳ字型の曲線となる（**図4-3**参照）。図中，２つの曲線は，実は，同じ意味を持ち，イノベーションのパターンを縦軸に普及率，横軸を時間軸として描いたものである。左側のＳ字曲線は普及の累積度数分布曲線である。右側は，正規分布の釣鐘型で示されており，「イノベーションのベルカーブ」と呼ばれる。

　それでは，実社会における様々な財の普及曲線を見てみよう。**図**

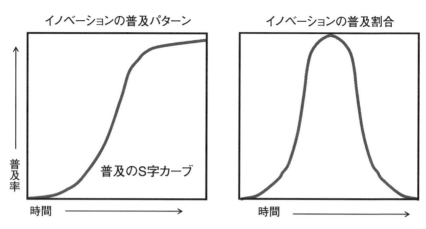

出典：Bass（1969）より筆者作成

図4-3　イノベーションの普及曲線

4-4には1960年から2020年までの様々な財の普及率の推移が描かれている。例えば，カラーテレビは，1960年代に市場化され1980年には，成長率は飽和し，ほぼ100％の普及率になっている。この普及プロセスを見ると，見事なS字曲線となっていることが分かる。同様に，乗用車，エアコン，ビデオカメラ，パソコンなど，その普及過程は，市場化段階での成長率は低いが，その後，高揚し，やがて飽和する。こうしたプロセスは，どのような財においても共通である。

　以上，イノベーションの普及パターンについて見てきた。これは，見方を変えると，製品のライフサイクル曲線とも呼べる。あらゆる製品が製品ライフサイクル曲線に当てはまる，つまり，財の普及は，S字カーブ，もしくは，ベルカーブとして描かれるのである。

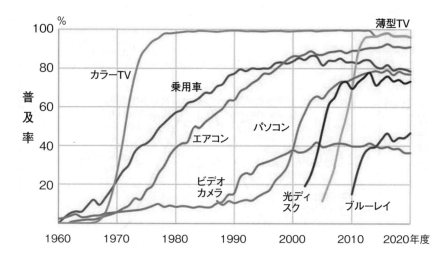

出典：国土交通省「国土交通白書2013」を参考に，内閣府「2020年度　消費動向調査」より筆者作成

図4-4　様々な財の普及率推移

（3）イノベーター理論

　イノベーター理論は，イノベーションの普及に関する理論であり，1962年，スタンフォード大学のロジャーズが，著書『イノベーション普及学』で提唱した。そのベースとなったのは，前項でも述べた，正規分布を示す，釣り鐘型の普及についての理論である。ロジャーズは財を購入する際の消費者を，財の市場投入後の時間経緯にしたがって，5つのタイプに分類した。新しいイノベーションに接した際，すぐに試したいと考える人と，最後まで慎重な人という，リスクに対する許容度を基準にした正規分布を前提にしている。

　このような分布を示したのが，**図4-5**である。図では，縦軸に新規採用者数を，横軸に時間を正規分布の標準偏差 σ（シグマ）で表している。つまり，横軸は新しい財やサービスの普及に伴う時間的経過，縦軸

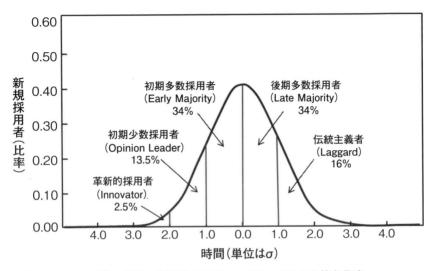

出典：ロジャーズ著，青地・宇野訳（1990），p.350，p.356より筆者作成

図4-5　イノベーター理論

はそれを採用するユーザーの数を示している。このような分布を考えるとき，新しい財やサービスをすぐに受け入れるグループから，なかなか受け入れないグループまで，時間軸から5つのグループに分けている。わかりやすく言うと，それぞれのグループは，新しい財やサービスの購入の早い順を表し，①革新的採用者：Innovator（2.5％），②初期少数採用者：Opinion Leader（13.5％），③初期多数採用者：Early Majority（34％），④後期多数採用者：Late Majority（34％），⑤伝統主義者：Laggard（16％）の5つのタイプに分類した。

　以下，それぞれのグループの特徴を説明する。

①革新的採用者（2.5％）

イノベーターとも呼ばれ，新製品やイノベーションに対する感度が高

く，新しいものを誰よりも早く積極的に導入する，リスク耐性の高いグループである。例えば，新しいゲームソフトや，スマートフォンのニューモデルの発売日に徹夜で並んでも，人よりも先に手に取りたいグループである。

②初期少数採用者（13.5 ％）

オピニオンリーダーとも呼ばれる。新しい財やサービスに対し，できるだけ早い段階で試してみたいグループである。新しい財やサービスを積極的に購入するという点ではイノベーターと類似しているが，オピニオンリーダーは単に新規性だけでは興味を持たない。新しい財やサービスの具体的な利便性，経済性を重視するグループである。また，購入後，SNS などに積極的に感想を発信することも多く，これから購入を考えているグループへの影響力を持つことから「インフルエンサー」としての性質を発揮することも多い。

③初期多数採用者（34 ％）

アーリーマジョリティと呼ばれ，新しい商品やサービスが世の中に浸透するかどうかの鍵を握るグループである。オピニオンリーダーの影響を受け，新しい財やサービスが市場に普及するかどうかの橋渡しをするグループである。イノベーターや，オピニオンリーダーほど積極的ではないが，流行には敏感であり，乗り遅れることを嫌うグループである。

④後期多数採用者（34 ％）

レイトマジョリティとも呼ばれるこのグループは，新しい財やサービスの採用にやや消極的である。ただし，流行は気になり，トレンドから完全に取り残されることは望まないグループである。周りの多くが採用すると検討を始める「フォロワー」の性格を持つ。新しい財やサービスには基本的に懐疑的であり，普及が進まない場合，ほとんど興味を示さないグループである。

⑤伝統主義者（16％）

ラガードとも呼ばれ，極めて保守的なグループで，新しい財やサービスへの関心が低い。スマートフォンが普及した現代においても，経済的な理由以外でも，携帯電話を持たない一定の層が存在している。つまり，伝統的・文化的なレベルとなるまで，新しい財やサービスの採用を検討しないグループである。このグループには，最後まで不採用を貫く層も存在する。

『イノベーション普及学』の中でロジャーズは，新しい財やサービスの投入後，いち早く採用するイノベーターとオピニオンリーダーを攻略することがその商品・サービスが普及するための重要な要件となると指摘した。図4-5の中では，イノベーターの2.5％とオピニオンリーダーの13.5％の合計にあたる16％を指している。この16％が，釣り鐘型の分布（ベルカーブ）が急激に上昇する時点と一致することから，初期少数採用者への普及が，新しい財やサービス，すなわちイノベーションの普及の重要な要件となることを示した。これを「普及率16％の論理」として提唱したのである。

導入された直後の財やサービスをいち早く購入するのはイノベーターである。しかし，イノベーターは誰よりも早く購入し，試すことが最優先課題であり，財やサービスが新たに提供する価値には興味を持たないことも多い。イノベーターに続くオピニオンリーダーは，誰よりも先にという価値観ではなく，新しく市場化された財やサービスの有する価値に興味を持っている。新しい価値，特に，使いやすさや使用感といった実際に使用することによってのみ，感じることのできる価値に着目する。このように，市場に出された新しい財やサービスの価値にいち早く気づき，発信するのがオピニオンリーダーと称される理由である。

現代では，オピニオンリーダーは，SNSなどへの発信に熱心であり，他の消費者への影響力が非常に大きい。SNS上でネットワークが形成されることで，その財やサービスが大きく普及する可能性が広がるため，オピニオンリーダーの意見が普及の成否を決めるとも言われている。このように，初期市場でオピニオンリーダーの高い評価を獲得できれば，それに続く，普及をアーリーマジョリティ，レイトマジョリティに広げる可能性が大きく広がるのである。時間軸で見ると，全市場の16％に過ぎないイノベーターとオピニオンリーダーの意見が，全体のアーリーマジョリティとレイトマジョリティに大きな影響を与えるのである。

4. キャズム理論

前節で説明したように，『イノベーション普及学』の中でロジャーズは，普及率について，イノベーターとオピニオンリーダーを合わせた16％をどう攻略するかが，その製品，サービスが普及するかどうかの勝負の分かれ目になり，これを「普及率16％の論理」として提唱している。それに対して，J. A. ムーアは，イノベーターとオピニオンリーダーを初期市場，アーリーマジョリティからラガードをメインストリーム市場と定義した。そして，初期市場とメインストリーム市場の間には，「キャズム」と呼ばれる大きなギャップが存在するとした（図4-6参照）。イノベーションが大きく普及するためには，この溝を超えることが重要であると指摘するのが「キャズム理論」である。ではなぜ，初期市場とメインストリーム市場の間にキャズムというギャップが発生するのであろうか，2つの観点より説明してみよう。

まず，初期市場の消費者，イノベーターとオピニオンリーダーは，他社よりも早く新しい財やサービスに触れ，その使用感を発信することに

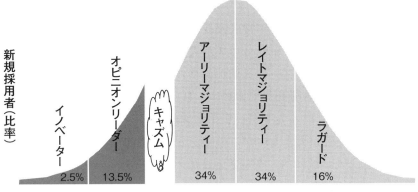

出典：Moore, G.E.（1991）より筆者作成

図4-6　キャズム理論

最大の価値を置いている。次に，アーリーマジョリティからラガードの
メインストリーム市場はより慎重で，リスクを取りたくない人々が多い
市場である。つまり，イノベーターにオピニオンリーダーを加えた約
16% と残りの 84 ％の人たちの間には，その考え方，行動に大きな溝が
あることを前提としている。キャズム理論は，いかに，この溝を乗り越
えるか，言い方を変えると，メインストリーム市場の人たちにどのよう
に，リスクに立ち向かってもらうかの理論である。したがって，単に価
格が安い，評判が良い，デザインが良いなどといった，製品戦略の理論
とは，大きく異なる。キャズムを超えた事例は数多く存在する。例え
ば，現在広く使用されているカーナビゲーションがある。

　現在では，GPS（Global Positioning System）という緯度・経度・高
度を正確に導き出す技術，車の車速センサー，方位計の３点によって，
自車の正確な位置と目的地までの道筋が計算できる。この方式は，今で
は世界中のほとんどの車や，スマートフォンで使われているが，その普

及過程には紆余曲折があった。1970年頃より，多くの企業が，ナビゲーション装置の市場化に挑戦していた。

まず，本田技研（現：ホンダ）が1981年，ガスレートジャイロを用いたナビゲーションシステムを作った。ガスレートジャイロとは，ガスが直進しようとする慣性力を利用した位置センサーであり，この技術をもとに世界初のナビゲーションシステム，『Honda・エレクトロ・ジャイロケータ』が生み出された。1987年には，トヨタのクラウンにナビが搭載された。これは，地磁気センサーと車速センサーによるものであった。さらに，1989年，日産シーマに住友電工が開発した光ファイバージャイロが搭載されたナビゲーションシステムが開発された。しかし，いずれも，製品の普及には至らなかった。つまり，キャズムを超えられなかったのである。これらのナビゲーションシステムがキャズムを超えられなかった理由は理解しやすい。いずれのセンサーも，絶対的な位置を測るものではなく，ある地点からの相対的な位置を計測するタイプであったこと，センサー自体の精度が低く，また，ドライバー自身が地図の設定をしなければならず煩雑であったこと，装置全体のシステムが大きく，車載には無理があったことなどが挙げられている。

一方，GPSを用いたナビゲーションシステムは，1992年，ソニーよりNVX-1という製品名で発売され4万台が売れた。翌1993年には，NVX-F10という世界で初めて，モニターがシステムに一体化された製品が開発され，15万台売れるという大ヒットとなり，1996年には渋滞情報なども表示できるNVX-F36が発売され，78万台が売れた。見事にキャズムを超えたのである。キャズムを超えることができた理由は明確である。カーナビゲーションという製品は，操作性と精度が重要であり，本田技研，トヨタ，日産，住友電工といった会社が発売したナビゲーションは，アナログの地図を使用していたため，極めて使い勝手が

悪かった。そのため，一部のマニアは購入したが，評判は高まらず，キャズムを超えることはできなかった。それに対して，ソニーの製品は，誰でも簡単に設置することができ，使い勝手が抜群に良かった。このように，キャズムを超えるには，製品の直感的な分かりやすさ，使い勝手の良さがもっとも，重要な要因となるのである。

5. まとめ

新製品を採用し，購入した人々のことを採用者と呼ぶ。バスモデルは，新製品の普及が2種類の採用者である，自らの意思で購入決定する購買者と既購入者からの口コミによって購入の意思決定を行う非購買者から構成されるとし，新製品の普及過程を単純な数式によりモデル化した。普及理論では，ある新製品が普及するプロセスは，時間 (t) について正規分布となり，その標準偏差 σ をもとに，採用者のカテゴリーを5つに分類した。また，キャズム理論は，普及理論の採用者の5つの分類に基づき，初期市場とメインストリーム市場の間にあるキャズムの存在を指摘した。初期市場における，製品の使い勝手，新規性，安心感などによって，企業は，キャズムを乗り越えることができるのである。

本章では，イノベーションの普及について3つの理論を用いて説明した。3つの理論は，市場における購買行動の違うグループ間でのイノベーションの伝搬に着目するという点では共通性があるが，その分類について，異なっている。しかしながら，たとえば，バスモデルを実際の売上曲線にフィッティングする際にも，普及理論に基づいて採用者のカテゴリーを認識し，キャズムの存在を意識するなど，財やサービスのカテゴリーに応じて，精緻なマーケティング戦略の立案を行うことが期待できる。

学習課題

1．イノベーションと技術革新はどのように区別すればよいのでしょうか？

2．すべての発明がイノベーションに結びつくとは限りません。なぜでしょうか？

3．皆さんが考えるイノベーションをいくつか列挙してみてください。

参考文献

Bass, Frank M.（1969）"A New Product Growth Model for Consumer Durables," *Management Science*, 15（February), pp.215−227.

Moore, G. E.(1991) *Crossing the Chasm: Marketing and Selling High-Tech Goods to Mainstream Customers.* New York: Harper Business.〔邦訳：ジェフリー・ムーア著，川又政治訳（2002）『キャズム』翔泳社，ジェフリー・ムーア著，川又政治訳（2014）『キャズム Ver.2 増補改訂版』翔泳社〕

シュムペーター著，塩野谷祐一・中山伊知郎・東畑精一訳（1977）『経済発展の理論—企業者利潤・資本・信用・利子および景気の回転に関する一研究〈上〉〈下〉』岩波文庫

シュムペーター著，大野忠男・木村健康・安井琢磨訳（1983−1984）『理論経済学の本質と主要内容〈上〉〈下〉』岩波文庫〔原書〈ドイツ語版〉：Schumpeter, J.（1908）*Das Wesen und der Hauptinhalt der theoretischen Nationalökonomie*〕

古川一郎・守口剛・阿部誠（2011）『マーケティング・サイエンス入門—市場対応の科学的マネジメント〈新版〉』有斐閣アルマ

E. M. ロジャーズ著，青池慎一・宇野善康監訳（1990）『イノベーション普及学』産能大学出版部〔原書：Rogers, E. M.(1962) *Diffusion of Innovations*, New York, Free Press of Glencoe〕

5 | ドミナント・デザインと 生産性のジレンマ

伊藤 宗彦

《目標＆ポイント》　産業の成熟化に伴い生産性は向上するがイノベーション
は少なくなるというイノベーションと生産性のトレードオフの関係，「生産
性のジレンマ」について説明する。「生産性のジレンマ」とは市場での支配
的デザイン（ドミナント・デザイン）下での生産性向上が大幅な技術革新を
阻害してしまうことである。画期的な新製品を開発しても，低コスト・高品
質での生産設備などの確保が競争優位を持続するための重要な要素になるの
である。
《キーワード》　ドミナント・デザイン，AU理論，生産性のジレンマ，プロ
ダクト・イノベーション，プロセス・イノベーション

1. はじめに

　この本の初めに，シュンペーターによるイノベーションの定義を示し
た。その後の章では，イノベーション研究について，時系列順に説明し
てきた。前章では，1960年代に始まった，イノベーションの普及理論
について述べた。本章では，ほぼ同時期，1970年代になされた生産性
に関する研究について，理解を深めたい。
　「生産性のジレンマ」という用語を聞いたことがあるだろうか。ハー
バード・ビジネス・スクールのW. J. アバナシーによって提唱された概
念である。これは，ある工場で同じ製品を作り続け，改善を重ねること
で生産性はどんどん高まっていくが，製品の革新性はなかなか上がらな

くなることを示している。一方，生産性の低い工場では，革新性の高い製品のアイデアがでやすい。つまり，生産性と革新性はトレードオフの関係にあることを，アバナシーは，「生産性のジレンマ」と表現したのである。

　イノベーションという観点からみると，生産性のジレンマの本質が，さらに違う観点からも見えてくる。今まで考えつかなかった画期的な新しい財やサービスを生み出す，技術革新やビジネスの仕方をプロダクト・イノベーションとした。ここで，ドミナント・デザインという重要な概念がある。プロダクト・イノベーションの結果，市場に支配的な影響力を持つ製品の基本設計が成立したとき，これをドミナント・デザインと定義している。このドミナント・デザインの成立によってその前後のイノベーションの性質が大きく異なることが知られている。ここで，プロセス・イノベーションとは，工場の生産性を向上し，全く新しい生産工程や生産技術によって成し遂げられた生産方式を示す。

　このように，プロダクト・イノベーションにより，ドミナント・デザインが成立し，プロセス・イノベーションへとイノベーションの性質が移行すること，そして，その結果，生産性のジレンマという現象が起こるという一連の研究成果が「AU 理論」である。本章では，イノベーションの分類，生産性のジレンマという観点より，この AU 理論について理解を深めることを目的とする。

2.　ドミナント・デザイン

　現在では，世界の人々の生活に欠かせない自動車や，テレビ，インターネット，スマートフォンなど，新しい製品は，ほぼ同時に世界中で発売され普及している。インターネットの普及により，国の大きさ，所得格差などに関係なく情報が伝わり，新しい製品情報が世界同時に発信

されるため，製品の普及も世界中，同時に起こるようになっている。このように，製品は，市場化された後，時間の経過とともに改良が繰り返されて，そのデザイン，機能が洗練され，徐々に標準化されていく。例えば，スマートフォンは，今では，前面に液晶の画面があり，裏側には，カメラのレンズが取り付けられており，どの企業から新製品が出されても，一目でスマートフォンということが分かる。スマートフォンだけでなく，パソコン，テレビ，冷蔵庫，空調機，デジカメなど，発売当初は，メーカーによって多様なデザインが出回る製品も，時間の経過とともに普及が進み，どの企業の製品も，デザイン，機能とも類似性が増すという法則がある。

　事例を挙げて説明しよう。**写真5-1**には，カシオ計算機が1994年11月に発表，1995年3月に発売したデジタルカメラ，QV-10を示している。QV-10以前にも，デジタルカメラは開発されていたが，QV-10には，その後のデジタルカメラの標準となる特徴が備わっていた。例えば，

出典：カシオ計算機株式会社「製品のあゆみ」
（https://www.casio.co.jp/company/history/nenpyo/）
写真5-1　カシオ計算機QV-10

・撮影画像を確認する液晶パネル

・パソコンへの接続により，画像を取り込む機能

・フィルム式のコンパクトカメラと比べて違和感のないデザイン

　QV-10の特徴は上記のとおりであるが，写真からも分かるように，説明がなくてもデジタルカメラであることは，一目瞭然である。言い方を変えると，現在のコンパクトデジタルカメラの原型と分かるデザインである。このようなデザインは，製品の初期の段階で起こり，ドミナント・デザインと呼ばれている。

　ドミナント・デザインとは，市場への影響力を示したデザインである。ある製品に対してユーザーが直感的に機能やデザインを理解できるものであり，決して，特定のユーザーを対象としたカスタム化された製品ではない点を理解することが重要である。製品が市場化された直後はメーカーのオリジナリティが色濃く示されたデザインを有していても，量産化と市場要求による改良を繰り返し行い，さらには，競合メーカーからも同様の製品が発売されるようになっていくと，市場において製品のデザインや機能は，同じようなデザインに集約されていく，すなわち，ドミナント・デザインになっていくという法則がある。

　このような法則を見出したのは，ハーバード・ビジネス・スクール教授の W. J. アバナシー（William J. Abernathy, 1933 年〜1983 年）と MIT の J. M. アッターバック（James M. Utterback, 1941 年〜）である。ドミナント・デザインについて，アッターバックによる定義を示す（Utterback, 1994）。

　　ドミナント・デザインとは，市場の支配を勝ち取ったデザインである。…［中略］…ドミナント・デザインは，ある製品に対する大多数のユーザーの要求を具現化するものであって，カスタム化デザ

インのように特定の顧客層のニーズを満たし，最高の性能を実現する必要はない。ドミナント・デザインは製品が満たさなければならない要求性能の数やデザインそのものを包含することによって劇的に減少させる（大津・小川訳，1998：pp.48–49）。

　こうした定義より，ドミナント・デザインは，大多数のユーザーが受け入れる設計標準なのである。この記述だけでは，結果的に市場に受け入れられたものがドミナント・デザインと考えられるが，アッターバックは，ドミナント・デザインの成立要因として，補完資産，産業規制・政府の介入，企業による戦略行動，生産者と消費者のコミュニケーションの5つを挙げている。その後，こうした成立要因とともに，ドミナント・デザインは社会や政治的な影響から決まるという研究もおこなわれている。

　以上，ドミナント・デザインについて述べてきた。アバナシーとアッターバックによるドミナント・デザインの研究は長い研究の蓄積の結果により形成されてきたものであり，彼らの研究はイノベーション・マネジメントを学ぶ際，重要なものの見方を示している。

3. AU理論

　新しい製品の初期段階では，様々な機能やデザインの製品が市場に登場する。前節で述べたコンパクトデジタルカメラの事例においても，結果的にドミナント・デザインと呼ばれるようになったカシオ計算機のQV-10が発売される以前の1987年頃から，ソニー，ミノルタ，キヤノン，富士写真フイルムなどが，「電子スチルカメラ」という名称で様々な形状の製品を市場に投入した。ソニーが電子スチルカメラの試作機を発表したのは，1981年であった。当時の試作機は，アナログ技術をも

とにして，CCD 素子と磁気ディスク装置が使用されていた。この試作機をもとに，1988 年，28 万画素の MOS センサーと 2 インチのフロッピーディスクを使用した MVC-C1 という製品を発売している（**写真 5-2** 参照）。しかしながら，市場での普及には至らなかった。

　普及に至らなかった要因はいくつか考えられる。まず，当時，標準的に使用されていたフロッピーディスクを記憶媒体として使用していたため画像を保存する容量が小さく，画質の低い映像しか撮影できなかったこと，次に，現在ほどパソコンは普及しておらず撮影した画像の使用目的がなかったこと，そして 1988 年に発売された MVC-C1 は，本体価格 69,800 円の他に，再生アダプターとバッテリーパックを購入する必要があり，全て揃えると 10 万円を超えるような高価格であったことも普及しなかった要因であろう。

© ソニーグループ株式会社
写真 5-2　ソニー電子スチルカメラ Mavica MVC-C1

　ソニーなどが進めたアナログ技術による電子スチルカメラの市場化後の1990年，初めてのデジタルカメラが次々に市場化された。まず，1990年のアメリカ企業，ダイカム社による Dycam Model 1，1993年の富士写真フイルムによる DS-200F，そして1994年にアップルが発売した QuickTake100 だった。QuickTake100 は，当時のアップルのパソコン，マッキントッシュのユーザーからは大いに期待されたが，35万画素の写真を内蔵メモリに8枚しか記録できず，しかも液晶ディスプレイモニターもなかったことから，使い勝手が悪く，それほど販売量は伸びなかった。

　それでは，カシオ計算機の企業内部において，1995年の QV-10 の発売以前には，どのような開発が行われていたのであろうか。電子スチルカメラの開発は，カシオ計算機内でも行われており，1987年に開発された VS-101 という機種は，フロッピーディスクにアナログ画像を記録し，撮影した映像をテレビで見るものであった。価格は，12万8,000円と高額であったこともあり，ほとんど売れなかった。その後，1991年，初めてのデジタルカメラ DC-90 を試作機として発表した。しかし，市販化するには，発熱，重量の問題があったため，発売は見送られた。その後，改良が加えられ，1995年，世界で初めて液晶ディスプレイが付いたデジタルカメラ QV-10 が誕生した。QV-10 は発売後1年間で20万台以上の販売を記録するヒット商品となった。

　以上，デジタルカメラの開発がその後の普及につながるまでに，各社がどのように市場化を進めたのかを示した。この事例から分かるように，その黎明期にはアナログやフロッピーディスクを用いたものなど，多種様々なデジタルカメラが提案されている。しかし，カシオ計算機による QV-10 がドミナント・デザインになった後は，参入各社のデザインや機能は，QV-10 に追随していくことになった。

　AU 理論は，ドミナント・デザインの節でも説明した通り，アッター
バックとアバナシーによって提唱されたイノベーション発生に関する一
連のモデルである。まず，1975 年に発表された研究モデルは，イノベー
ションの発生率と工程の進化過程の関係に言及している。ここで重要な
のは，イノベーションについて，製品自体に関わるイノベーション（プ
ロダクト・イノベーション）と製品を生産する際の工程イノベーション
（プロセス・イノベーション）という分類を明確に示した点にある。こ
こで，プロダクト・イノベーションとは，画期的な機能やデザインを有
する新製品の開発に関わるイノベーションであり，プロセス・イノベー
ションとは，生産性の向上を狙いとし，新たな生産工程や生産技術を開
発するイノベーションを指す。このように，定義すると，AU 理論とは，
時間の経緯とともに，プロダクト・イノベーションの発生率は下がり，
代わりにプロセス・イノベーションの発生確率が上がるモデルなのであ
る。プロセス・イノベーションも，時間の経過とともに，発生率は低下
するというモデルなのである。このモデルは 1978 年になると，時間軸
が，流動パターン（fluid pattern），移行パターン（transition
pattern），特化パターン（specific pattern）というように明確化されて
いる。さらに，プロダクト・イノベーションの発生確率も，急速に減少
するように変わっている。

　AU 理論の完成形と言われるアバナシーのモデルを図 5-1 に示して
いる。このモデルでは，時間軸が 1975 年の初期のモデルから変化し，
流動状態（Fluid），移行状態（Normal direction of development
transition），特化状態（Specific）とそれに従ってイノベーションの質
が変化する様を表している。それぞれの段階におけるイノベーションの
発生について見ていこう。

　デジタルカメラの事例を示したように，ある製品の流動状態の時期

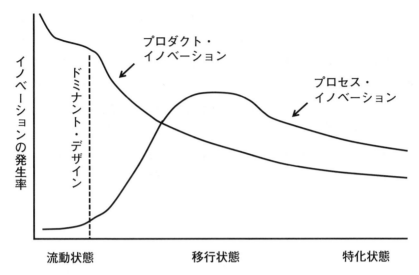

出典：Abernathy（1978）を参照し，筆者作成

図5-1　Abernathy（1978）における AU 理論のモデル

に，様々なアイデアが製品として提案されるが，多くは市場に受け入れられずに消えていく。そして，消費者の要求に適合した，機能やデザインを有した製品が，標準的なデザイン（ドミナント・デザイン）として確立される。いったん，ドミナント・デザインとなる製品が決まると，その時期を境にプロセス・イノベーションの発生が急激に増加することが示されている。ドミナント・デザインが決まると，様々な企業が参入し，企業間の競争が始まる。そうなると，市場に受け入れられた製品コンセプトをもとに，製品の機能・デザインを磨き上げることが必要になってくる。また，市場での需要を満たすため，企業の戦略は，プロダクト・イノベーションからプロセス・イノベーションに重点が置かれていくようになる。この時期が移行状態である。

　さらに，その製品の生産プロセスが安定し，生産方式が確立すると，

プロセス・イノベーションも減少し，製品と生産工程が安定するように
なる。このような時期を特化状態にあるとする。この時期には，大規模
な設備投資が行われ，生産性は飛躍的に向上するが，製品に関わる革新
的なイノベーションはあまり起こらないようになる。特化状態の時期に
至った製品や工程は，コスト競争力や供給力が重視されるようになる。
このような状態になると，プロダクト・イノベーションとプロセス・イ
ノベーションは活発に起こらなくなるのである。アバナシーらは，多く
の事例研究を行っており，このような理論を裏づけている。

4. 生産性のジレンマ

　生産性のジレンマとは，製品の成熟化に伴い生産性や効率性は向上す
るが技術革新は起こりにくくなるという，イノベーションと生産性の間
にある，トレードオフの関係を説明する理論である。

　前述してきたように，産業が流動状態にあるときには，製品の機能や
デザインの試行錯誤が繰り返され，多種多様なプロダクト・イノベー
ションが生まれる。次に，産業内で誰もが認める標準的・支配的な機能
やデザイン，すなわち，ドミナント・デザインが決まると，その産業の
参入企業の戦略の方向性は，新しい製品機能やデザインから，より低コ
ストで製品を生産するというコストリーダーシップ戦略に移行し，プロ
セス・イノベーションが関心の中心となる。しかし，産業内での競争が
固定化してくると，様々なプロセス・イノベーションによって生産性は
向上するが，その一方で，プロダクト・イノベーションは創出されにく
くなる傾向がある。言い方を変えると，生産性や効率性を追求するため
の改善が繰り返され，生産性は向上するが，そのために，革新的なプロ
ダクト・イノベーションが，起こりにくくなる現象を生産性のジレンマ
という。この概念が言及しているのは，産業の特化状態についてであ

る。産業が移行状態から特化状態に入ると，産業全体の生産性は高まるが，大きなイノベーションが起こらなくなってくる。

　アバナシーは，こうしたジレンマがなぜ起こるのかについて，自動車産業の事例で説明している。自動車産業では，19世紀末には，蒸気や電気あるいは，ガソリンと様々な動力源の自動車が提案されたが，1908年にT型フォードが市場で販売されるようになってから現在のガソリン自動車の原型が確立された。その後，現在に至るまで様々な技術革新が起こるが，4輪でエンジン，ミッション，ブレーキ，など，基本的なデザインは変わらず，低コスト化のための改善の重要度の比重が高まってきたことは否定できない。このように，ドミナント・デザインが確立し生産方式が，参入企業間で共通化してくると，新たな素材を使い，製造方法を変えるというのは，1つの自動車メーカーの生産を，1000社単位のサプライヤーが支えていることを考えると，図面の変更や契約内容を見直すだけでも，相当な労力が必要となる。このように，成熟化した産業ほど，大きなイノベーションが起こる機会が少なくなることを生産性のジレンマというのである。

5. イノベーションと社会性

　ドミナント・デザインを確立し，量産化を達成し，市場でリーダー企業として認識されるような企業は，そのドミナント・デザインが続く限り，競争優位性を発揮し続けることになる。一方で，非連続な新技術が提案されると競争の構図は一変し，それまで，ドミナント・デザインを有し市場の中心であった企業の競争力は，劇的に低下することも起こり得る。例えば，本章で取り上げた，デジタルカメラのドミナント・デザインを制したカシオ計算機は，1998年，デジタルカメラ事業から完全に撤退した。デジタルカメラ市場では，スマートフォンのカメラ機能の

使い勝手の良さや機能性によって，コンデジと呼ばれたコンパクトデジタルカメラは，ほとんど売れなくなり，一眼レフやミラーレスといった高級製品群や，CCD（Charge Coupled Device：電荷結合素子）やCMOS（Complementary Metal Oxide Semiconductor：相補型金属酸化膜半導体）といった撮像素子やレンズを持たないカシオ計算機にとって，製品の差別化やコストリーダーシップの発揮ができなくなり，撤退を余儀なくされた。

　このように，一眼レフやミラーレス，スマートフォンといった破壊的イノベーションが市場に投入されると，たとえドミナント・デザインを制した企業でも，それまでに投資した膨大な費用や労力によって確立してきた生産・組織体制を無駄にしてしまうような次世代技術への投資には消極的になる。また投入された破壊的イノベーションが既存技術を代替するかどうかは結果論であり，見極めが難しい。一方，破壊的イノベーションを仕掛ける企業は，次の市場でのドミナント・デザインを目指してひたすら破壊的イノベーションを目指す。こうした背景から，破壊的イノベーションによって，主要企業が一気に入れ替わることはしばしば起こる。たとえドミナント・デザインを制しても，次世代の破壊的イノベーションまで制すことは，なかなか容易ではないのである。

6. まとめ

　本章の最後に，ドミナント・デザイン，AU 理論，生産性のジレンマについてまとめておこう。まず，イノベーションは，その特性によりプロダクト・イノベーションとプロセス・イノベーションとに区分できるという，アバナシーとアッターバックによる提言は，初めてイノベーションの分類に言及したものであった。つまり，まず初めに起こるのはプロダクト・イノベーションであり，プロセス・イノベーションはそれ

に続いて起こる革新と定義された。新たなイノベーションが起き，競争が起こる。多くの技術革新が提案され，その技術競争の中で，市場ニーズに適合した製品をドミナント・デザインと命名した点が今までになかったマネジメントの視点であった。アバナシーはその後，自動車産業を研究対象として選択した。当時の自動車のドミナント・デザインは，現在にも続いている。しかしながら，競争環境は大きく変化し，自動車産業を取り巻く，環境問題，エネルギー問題の影響で，早晩，電気自動車，あるいは，水素自動車といった新たな破壊的イノベーションが新たなドミナント・デザインとなる日が近いのもかもしれない。

学習課題

1．プロダクト・イノベーションとプロセス・イノベーションの違いとは何でしょうか？　考えてみてください。
2．多くの企業がドミナント・デザインを目指して，競争が起こります。なぜ，ドミナント・デザインは簡単に決まらないのでしょうか？
3．生産性のジレンマは多くの産業で起きています。身近な事例を探してみてください。

参考文献

Abernathy, W. J., & Townsend, P. L. (1975) Technology, productivity, and process change, *Technological Forecasting and Social Change*, 7(4), 379-396.

Abernathy, W. J. (1978) *The productivity dilemma*, Baltimore: Johns Hopkins University Press.

Abernathy, W. J., Clark, K. B., & Kantrow, A. M. (1983) *Industrial renaissance: producing a competitive future for America*, New York: Basic Books.〔邦訳：W. J. アバナシー, K. B. クラーク, A. M. カントロウ著, 望月嘉幸監訳 (1984)『インダストリアルルネサンス―脱成熟化時代へ』TBS ブリタニカ〕

Burgelman, R. A., Christensen, C. M., & Wheelwright, S. C. (2004) *Strategic management of technology and innovation* (4th ed.), Boston, MA: McGraw-Hill.〔邦訳：R. A. バーゲルマン, C. M. クリステンセン, S. C. ウィールライト編著, 青島矢一他監修, 岡真由美他訳 (2007)『技術とイノベーションの戦略的マネジメント〈上〉〈下〉』翔泳社〕

Utterback, J. M. (1994) *Mastering the dynamics of innovation: How companies can seize opportunities in the face of technological change*, Boston, Mass.: Harvard Business School Press.〔邦訳：J. M. アッターバック著, 大津正和・小川進監訳 (1998)『イノベーション・ダイナミクス：事例から学ぶ技術戦略』有斐閣〕

6 | 製品アーキテクチャと イノベーションの分類

徐　康勲

《目標＆ポイント》　イノベーション理論は，1990 年代から転換期を迎える。既存技術と連続性がないイノベーションをラディカル・イノベーション，連続性があるイノベーションをインクリメンタル・イノベーションとする新たなイノベーション概念が考え出された。本章では，製品アーキテクチャの概念を中心に，いかにイノベーションを分類することができるか，なぜイノベーション理論は時代とともに分化していくかという問いについて考えてみる。
《キーワード》　製品アーキテクチャ，イノベーションの分類，ラディカル・イノベーション，インクリメンタル・イノベーション

1. はじめに

　第 1 章で詳しく述べたが，イノベーションは『何か新しいものを取り入れる，既存のものを変える』という意味として，広く捉えられてきた。人類や社会の発展，経済や企業の発展において，中心的な役割を果たしている。イノベーションは，産業自体，あるいは製品のライフサイクル上，必ず直面する成熟化を乗り越える原動力になるからである。そうして，良いものを作り，社会に貢献する意味として，イノベーションが人類発展の歴史となってきたのである。

　企業にとってイノベーションは，ビジネスに成功し，成長し，競争優位を築き，利益を生む場面において，大きな役割を果たしている。さら

に，製品開発活動と深く関わるため，企業の組織構造とも深くかかわっている。また，国の制度や風土からも影響を受けている。このように，イノベーションには，単一の機能だけでは説明しにくい面があり，その機能を分類する試みがなされてきた。

　イノベーションの分類という意味で，1970年代より言われてきた，プロダクト・イノベーションとプロセス・イノベーションという分類以降，1990年代には，ラディカル・イノベーション（Radical Innovation）とインクリメンタル・イノベーション（Incremental Innovation）という新たな概念が提唱されるようになった。これらの理論は，製品全体の構成とその部品との関係性に着目し，製品アーキテクチャという新たなイノベーションの見方を示している。本章では，製品アーキテクチャとイノベーションについて学ぶ。

2. ラディカル・イノベーションと　インクリメンタル・イノベーション

　ラディカル・イノベーションとは，「ブレークスルー・イノベーション（Breakthrough Innovation）」，「非連続型イノベーション（Discontinuous Innovation）」とも呼ばれ，既存技術の延長線上にないイノベーションを指す。例えば，自動車が存在しなかった時代，陸上交通手段として主に利用されたのは馬車であった。自動車の登場は，その時代の観点から見ると，既存の技術とは異なる急進的なイノベーションであった。日本発ラディカル・イノベーションの代表例として挙げられる「デジタルカメラ」，「家庭用ビデオゲーム」も，既存技術とは非連続に起きたラディカル・イノベーションの事例である。

　一方，インクリメンタル・イノベーション（Incremental Innovation）とは，「連続型イノベーション（Continuous Innovation）」とも呼ばれ

るが，従来技術の延長線上にある漸進的な技術革新，イノベーションのことを意味する。例えば，アップルが，毎年，新機能を追加する，あるいは，プロセッサ，ディスプレイ解像度，カメラなどの性能を改善したモデルを発売するiPhoneは，インクリメンタル・イノベーションの1つの事例である。

　1990年代以降，イノベーションを分類する新たな2つの見方が登場する。ヘンダーソンとクラークによる製品アーキテクチャ概念と，クリステンセンによる破壊的イノベーション理論である。一般的に製品アーキテクチャの概念は，製品技術側の分析に注目している。破壊的イノベーションは，市場側へのイノベーションの影響にウェイトを置いている。本章では，主に前者に注目しており，後者については，第7章で詳しく述べる。

3. 製品アーキテクチャ

　製品アーキテクチャは，経営学の観点から製品の設計を説明する概念である。その概念を理解するうえで，ラディカル・イノベーションとインクリメンタル・イノベーションという分類を理解する必要がある。既存企業が従来から採用してきた技術が陳腐化すると，その競争力は低下する。つまり，従来技術の延長線上にない非連続的技術革新，ラディカル・イノベーションにより，再び，競争力を取り戻すことがしばしば起こる。

　例えば，半導体製造において最重要装置であるフォトリソグラフィ・アラインメント（Photolithography Alignment）の事例で説明しよう。フォトリソグラフィ・アラインメントは，半導体の製造の中で，ウェハと回路が描かれたフォトマスクとの位置を調整する役割を果たす装置である。ウェハの表面に，フォトマスクを被膜した後，光を当てる作業を

露光という。元々は，フォトマスクをウェハの上に直接載せるコンタクト露光方式（Contact Aligner）が主流であったが，このような直接的なやり方は，ウェハの汚れ，フォトマスクの損傷が起きやすいという欠点があった。その問題点を改善するために考案されたのが，プロクシミティ露光方式（Proximity Aligner）である。この方式は，マスクとウェハを少し浮かせた状態で，露光を行う方式である。

　1970年代，半導体製造産業において優位性を有していたのは Kasper 社や Cubitt 社といった海外企業であった。一方，キヤノンは，プロクシミティ露光方式を採用することで作業効率を大幅に改善し，新規参入にもかかわらず一気に競争優位性を発揮した。コンタクト露光方式とプロクシミティ露光方式，いずれも基幹技術自体は異なっていないのに，いったい何が既存企業の競争力低下をもたらしたのであろうか。つまり，同じ部品や技術が使用されていても，それを構成する部品間の関係性によって，全体としての製品の差別化が行われていたのである。

　このように，従来のイノベーション理論で解明できない現象を説明するために導入されたのが，製品アーキテクチャという概念である。こうして1990年頃からヘンダーソンとクラークによる製品アーキテクチャの概念として議論されるようになった。この概念によると，製品のイノベーションは，構成する部品そのものの技術と部品間の関わり方の変化，両者によって起こる。それでは，それぞれのイノベーションについて説明しよう（図6-1参照）。

　ヘンダーソンとクラークによるイノベーションの分類を理解するには，まず，横軸にあたるコア設計コンセプト，縦軸にあたるコア設計コンセプトとコンポーネントのつながりについて説明することが必要である。まず，コア設計コンセプトとは，製品の基本機能を決める概念である。例えば，自動車の設計で言えば，ガソリンエンジンかディーゼルエ

		コア設計コンセプト（core concept）：コンポーネントの基幹技術	
		現在の技術のもとで強化される （reinforced）	別の技術に置き換えられる （overturned）
コア設計コンセプト とコンポーネントの つながり：製品アー キテクチャ (linkage between core concepts and components)	変化しない （unchanged）	インクリメンタル・ イノベーション （incremental innovation）	モジュラー・ イノベーション （modular innovation）
	変化する （changed）	アーキテクチュラル・ イノベーション （architectural innovation）	ラディカル・ イノベーション （radical innovation）

出典：Henderson & Clark（1990），p.12より筆者訳出

図6-1　イノベーションの類型*

ンジンか，あるいは電動か，という基本方式の決定がコア設計コンセプトである。

　つまり，**図6-1**の横軸は，製品の部品レベルの技術変化が，既存のままか，あるいは，新たな技術に置き換えられるのかを意味する。一方，縦軸は，コア設計コンセプトと部品との関係性の変化を示す。すなわち，製品アーキテクチャが変化するかどうかを示す。この2軸で，イノベーションは4種類に分類される。まず，ラディカル・イノベーションとインクリメンタル・イノベーションは，図中，右下と左上に位置する。さらに，製品アーキテクチャは変化せず，部品の技術変化を伴うのがモジュラー・イノベーション，部品の技術変化はなく，部品間の関係性だけが変化する場合，アーキテクチュラル・イノベーションと定義される。

　先述の半導体製造の事例からも明らかなように，同じマスクとウェハ

を使っても，それを少し浮かすという製造の仕方，すなわち組み合わせ方を変えることによりイノベーションを起こせるということがこの議論の要点である。支配的な立場にある企業に対し，競合企業は同じ部品を用いても，アーキテクチャを変化させることで新たなイノベーションで対抗できるのである。つまり，先行企業が持つ構成部品の優位性とは別の角度から，競合企業が競争力を発揮することが可能であることを示している。ヘンダーソンとクラークによる新たなイノベーションの分類は，構成部品そのものだけではなく，部品間の関係性という2つの概念を導入することで，新たなイノベーションの分類を定義した点に意義がある。

4. 製品アーキテクチャ論の精緻化

　ヘンダーソンとクラークによる製品アーキテクチャの概念は，2000年代に入るとさらに精緻化された。具体的には，モジュラー型とインテグラル型という2つの形態で比較されるようになったのである。モジュラー型の製品アーキテクチャでは，機能と構造が1対1に対応する。構成間の相互関係性は単純化・標準化され，さまざまな組み合わせを目指す。モジュラー型アーキテクチャの代表的な事例は，デスクトップ型パソコンである。プロセッサ，メモリ，ストレッジ，表示といった機能は，CPU，メモリ，ハードディスク，ディスプレイという部品と，それぞれ，1対1で対応している。それぞれのインタフェイスも標準化されているため，ユーザーはメモリやディスプレイを自由に選択できる。

　インテグラル型アーキテクチャは，機能と部品の関係が複雑になっている。代表的事例として，自動車が挙げられる。自動車のエンジン，ブレーキ，サスペンション，タイヤといった部品は，加速，制御，停止，

乗り心地といった機能と複雑に関係している。このためインテグラル型アーキテクチャは模倣されにくく，技術のブラックボックス化が容易なアーキテクチャである。そのため，製品の開発・生産の際，部門間の連携や調整，密接なコミュニケーション，情報共有といった，部門間連携・調整能力について，「すり合わせ」という表現で日本の製造業の強みとされてきた。一方，日本以外の国では，部品のモジュール化・標準化を進め，製品開発のスピード向上や設計の容易さを強みとし，どこでも同じ品質での生産が可能となるモジュラー型アーキテクチャが主流となっている。

　これまで日本の製造企業の多くは，すり合わせによる製品設計や生産へのこだわりが強く，モジュラー型アーキテクチャへの取り組みが遅れていた。そのため，市場ニーズ，多様化，製品開発・生産の効率化など，モジュラー型アーキテクチャを志向する諸外国企業に後れを取る産業も増えてきた。今後は，日本企業も従来通り，すり合わせにこだわるのか，モジュラー化・標準化を進め効率化を進めるのかという岐路に立っている。特に，世界同時に，製品を立ち上げる場合，さまざまな国での設計・生産を行う必要があり，モジュラー型イノベーションの重要性は，今後，ますます増大化すると考えられる。

5.　製品アーキテクチャからの産業分析

　製品アーキテクチャの研究は，欧米が，オープン化，モジュラー化の優位性を説くのに対し，日本では「すり合わせ」，つまり，インテグラル型の製品開発が日本企業の強みとする見方が強いのは事実である。2000年以降，製品アーキテクチャは，**図6-2**に示すように，横軸はオープンかクローズかという部品設計の相互依存度を表し，部品間のすり合わせを中心に考えるインテグラル型と，組み合わせに着目するモ

96

ジュラー型に分類される。縦軸は，企業を超えた生産の連結を表し，サプライヤーなど部品製造の内製化を重視するクローズド型と，業界標準を重視するオープン型に分類される。こうして，図中にある4つの製品アーキテクチャのタイプが示される。それぞれのタイプの特徴について，以下，説明していこう。

①クローズド・インテグラル型

図6-2の左上に示されている。部品間の相互依存度が高いすり合わせを重視して設計した製品である。各部品間の関係性を考慮した内製化を前提にしたタイプである。例えば，自動車の場合，エンジンとミッ

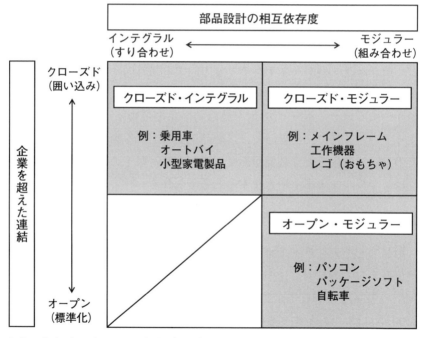

出典：藤本（2003），p.90と藤本（2004），p.132を参考に筆者作成

図6-2　製品アーキテクチャの分類

ション，ブレーキなど部品間相互の関係性を考慮した製品設計が不可欠である。部品間のインタフェイスなど，製品全体設計はすり合わせが重視され，組織内で完結しているという特徴がある。

②クローズド・モジュラー型

　図中，右上に示されたタイプである。製品の部品間相互依存度が低いモジュラー型製品でありながら，各部品間の連結が内製化される。一般的に，モジュラー型アーキテクチャでは，構造と機能の対応関係が標準化される。そのため，市場で調達可能な汎用部品を集めて組み合わせるだけでも一定の性能の製品を設計できる。例えば，メインフレームなどでも，市販の CPU やメモリを丁寧に組み合わせれば，高性能化は可能である。

③オープン・モジュラー型

　基本的に部品間相互依存度が低いモジュラー製品でありながら，各部品間の連結が，一社の組織を超える，つまり，アウトソーシングで生産される場合に多い製品アーキテクチャである。PC（パーソナル・コンピュータ）は，モジュラー型アーキテクチャの典型的な例で，CPU（Central Processing Unit），グラフィック・カード，ハードディスクなど，標準化された部品を集めて組み合わせれば，PC が出来上がる。自転車なども，フレーム，ギア，ブレーキなど，ほぼ標準化が進んでおり，組み合わせることで製品が出来上がる。

　以上，製品アーキテクチャの分類を示したが，図中，左下の「オープン・インテグラル」の事例はあまり見当たらない。なぜならインタフェイスが広く一般化するということは，インテグラルの特性に反する，つ

まり，すり合わせが効かないことになるためである。

6. 製品アーキテクチャと事業戦略

　製品アーキテクチャについてその概略を示した。それでは，製品アーキテクチャは企業にとって，どのようにイノベーションにつながるのであろうか，また，自社の優位性をどのように導くものであろうか。ここでは，自社の製品アーキテクチャはどのようにマネジメントされるのかについて考えてみる。

　現在の経営戦略論には，大きく，２つの考え方がある。１つは資源アプローチとされる，組織能力を重視する考え方である。まずは自社のヒト・モノ・カネといった資源の能力を高め，競争力を高めるという考え方である。部品レベルまで含めた要素技術開発ができる企業であれば，すり合わせを考えるインテグラル型のアーキテクチャを選択するだけの組織能力が備わっているということある。

　もう１つは，ポジショニング・アプローチという考え方であり，自社にとって魅力ある高収益・高成長市場を見つけ出し，有利な位置取りをすること，つまり，企業を取り巻く市場環境を優先する考え方である。この考え方をとる企業では，市場ニーズへの素早い適合のために，標準化された部品やモジュールを組み合わせるモジュラー型の製品アーキテクチャが選択される。

　このように，経営戦略は元来，組織能力と市場環境の両者への適合関係を論じてきた経緯がある。そのように考えると，企業にとって製品アーキテクチャがイノベーションをマネジメントするという意味は，①組織能力をいかに製品アーキテクチャに適応させるか，②製品アーキテクチャをいかに市場環境に適用させるかという両者の視点から考えることなのである。こうして，製品アーキテクチャは，企業のイノベーショ

ン活動に対して組織，環境の変数と見なすことができるのである。

7.　まとめ

　既存のものを変え，何か新しいものを取り入れ，世の中に新しいもの
を生み出すことをイノベーションと定義した。イノベーションは，従来
技術の延長線上にないラディカル・イノベーションと，従来技術の延長
線上にある漸進的な技術革新であるインクリメンタル・イノベーション
の二分法により議論されてきた。その後，アーキテクチュラル・イノ
ベーションという概念が生み出され，分化・精緻化されてきた。なぜ，
イノベーション理論は，時代の変化とともに新しく分化していくのであ
ろうか。イノベーション理論の分化は，従来のイノベーション理論が抱
えている課題を解決するために研究者たちが問題意識を発展させ，研究
視野を拡げた結果によるものである。

　一方で，既存の理論，見方では説明しきれない新たな現象の発生が，
その仕組み，メカニズムを解明するための理論家・実務家の努力によっ
て，イノベーション理論の新しい分化を促してきたのかもしれない。さ
らに，既存のイノベーション理論を用いて説明できなかった，新規参入
企業のアーキテクチュラル・イノベーションによる既存企業の競争力低
下という現象が生じたのは，ますます激しくなっている産業ビジネスの
競争環境で勝ち残り，競争優位を確保するための企業の見えざる工夫，
改善の積み重ねによるものである。

　イノベーションの歴史が人類発展の歴史そのものであるならば，イノ
ベーションの分化の歴史は，企業の技術を進歩させるための努力，改善
の積み重ね，競争企業への組織的・技術的対抗の歴史なのである。その
ため，これからも，イノベーションの担い手としての企業が存在し，市
場において企業間の激しい競争が続くのであれば，時代の変化ととも

に，新たな製品アーキテクチャがイノベーションに結びついていくこと
は間違いない。このように，製品アーキテクチャを取り巻くイノベー
ション論は絶えず，分化していくのである。

1. ラディカル・イノベーションとインクリメンタル・イノベーション
   は，それぞれどのような特徴があるのでしょうか。
2. 日本の製造業の強みは，「すり合わせ」の技術にあるといわれます。
   製品アーキテクチャの面から説明してください。
3. イノベーションはなぜ時代とともに分化していくのか，その理由を
   考えてみてください。

参考文献

Baldwin, Carliss Y. and Clark, Kim B. (1997) "Managing in an age of Modularity,"
　Harvard Business Review, Issue September-October 1997, pp.84-93.

Henderson, Rebecca M. and Clark, Kim B.(1990) "Architectural Innovation: The
　Reconfiguration of Existing Product Technologies and the Failure of
　Established Firms," *Administrative Science Quarterly*, Volume 35, Issue 1, 1990,
　pp.9-30.

中川功一「製品アーキテクチャ研究の嚆矢―経営学輪講 Henderson and Clark
　(1990) ―」『赤門マネジメント・レビュー』6 巻 11 号，2007, pp.577-588.

チャールズ・H・ファイン著，小幡照雄訳（1999）『サプライチェーン・デザイン―
　企業進化の法則』，日経 BP〔原書：Fine, Charles H. (1999) *Clockspeed: Winning
　Industry Control in the Age of Temporary Advantage*, Perseus Books〕

藤本隆宏（2003）『能力構築競争』中央公論新社（中公新書）

藤本隆宏（2004）『日本のもの造り哲学』日本経済新聞社

7 | イノベーションのジレンマと
　　破壊的イノベーション

徐　康勲

《目標＆ポイント》　製品の性能向上をめぐる企業の競争は，業種を問わず激しくなっており，卓越した技術力を武器に，競争的地位を築いてきた企業の事例は多くある。一方で，既存顧客のニーズを充足するために自社の製品やサービスにこだわり続けた結果，新興企業による異質の技術革新，破壊的イノベーションによって成功していた既存事業が覆されてしまうことがある。このように，消費者と緊密に意思疎通しながら，製品の性能を持続的に向上させてきた既存企業が，新規参入企業による破壊的イノベーションによって，その競争的地位を失う現象をイノベーションのジレンマと呼ぶ。本章では，破壊的イノベーションとは何かを理解したうえで，イノベーションのジレンマについて理解を深める。
《キーワード》　イノベーションのジレンマ，破壊的イノベーション，過剰品質

1. はじめに

　本章では，イノベーションのジレンマと破壊的イノベーションに関わる諸概念，その発生のメカニズムと事例，その意義について学ぶ。そのためには，ラディカル・イノベーション（Radical Innovation）と破壊的イノベーション（Disruptive Innovation）という概念について理解する必要がある。第6章で説明したように，1990年代，ヘンダーソンとクラークは，ラディカル・イノベーションとインクリメンタル・イノベーションという新たなイノベーション概念を提唱した。製品アーキテ

クチャの概念を導入し，技術提供側，つまり企業に注目して新しい概念を提唱したのである。その理論を受けて，ハーバード大学のクリステンセンは，1997年，「イノベーションのジレンマ（The Innovator's Dilemma)」という理論を発表した。これは，供給企業側ではなく，市場側に注目し，破壊的イノベーションという新たな観点を導入したのである。

　ここで，ラディカル・イノベーションと破壊的イノベーションという用語は，いずれもインパクトの大きなイノベーションを想像させるが，実は，その意味は大きく異なっている。ラディカル・イノベーションとは，従来技術とは非連続的な属性を持つ技術を示すのに対し，破壊的イノベーションは，既存ルールを根本的に覆し，全く新しい価値を創造するイノベーションを指す。まず，この破壊的イノベーションという重要な概念について掘り下げていくことにする。

2.　ハードディスクドライブのイノベーション

　イノベーションのジレンマを理解するため，理論の発信者のクリステンセンは，ハードディスク産業の事例を取り上げ，説明している。ハードディスクドライブ（HDD : Hard Disc Drive）とは，パソコンのデータを保存する部品である。パソコンに内蔵する以外にも，外付けのハードディスク，ネットワークディスク，サーバー，ゲーム機など，多くの用途で使われている。

　1952年，アメリカ・カリフォルニア州にあるIBMサンノゼ研究所において世界初のHDDが開発された。24インチのハードディスク，50枚を組み合わせた5MBの容量であった。1978年から1980年にかけて，シュガート・アソシエーツ（Shugart Associates，アメリカ，1973年設立，後にシーゲート・テクノロジーと改名），マイクロポリス

（Micropolis，アメリカ・カリフォルニア州チャッツワース，1976年設立）など，数社の新規参入企業が，10MB規模の小型8インチ・ドライブを開発した。しかし，当時，市場の主流であったメインフレーム・コンピュータのメーカーは，大容量の14インチHDDを使用しており容量の小さいHDDには興味を示さなかった。一方，ミニコンピュータのメーカーにとって，14インチHDDよりコスト的に安く，容量も大きな8インチHDDは魅力的であり，すぐに8インチHDDが主流となった。結果として，メインフレーム市場においても，8インチHDDが普及することになり，14インチHDDメーカーはすべて業界から撤退することになった。

　1980年後半，シーゲート・テクノロジーが5MBと10MBという容量の5.25インチ・ドライブを発売した。当時，ミニコンピュータメーカーは，40〜60MBの容量を要求しており，小型・小容量のHDDには，関心を示さなかった。しかし市場では，1980年代初期に開発されたIBM PCおよびその互換機であるデスクトップ・パソコンが普及し始めていた。そのため，シーゲート・テクノロジーは，1980年後半には，デスクトップ・パソコンで使用する5.25インチHDDを主力製品に据えて展開した。他の実績あるHDD企業は平均2年ほど遅れて発売したが，当時の4大メーカーであったシュガート・アソシエーツ，マイクロポリス，プライアム，カンタムのうち，生き延びたのはマイクロポリスだけであった。

　1990年代にはインターネットが広く普及し，ワープロや表計算といったオフィス用途だけではなく，画像やビデオ，音楽など，パーソナル用途にもパソコンが使用されるようになっていった。利用されるデータ容量も格段に増え，パソコンに内蔵されるHDDの容量も10GBを超え，現在ではTBオーダーとなってきた。

　以上がHDD市場の歴史であるが，参入企業数は，1976年には，17社であったが，パソコンの普及とともに，1995年には129社が参入し，ピークを迎えたが，1996年には109社が撤退した。

3. イノベーションのジレンマ

　なぜHDD産業の初期から参入してきた企業の多くが，1996年以降のパソコン産業の成長時に生き残れなかったのであろうか。クリステンセンのイノベーションのジレンマという理論がその理由を説明している。イノベーションのジレンマを理解するためには，持続的イノベーション（Sustaining Innovation），過剰品質（Over-quality），イノベーションのジレンマ（Innovator's Dilemma），破壊的イノベーションという関連する概念の理解が必要である。

　持続的イノベーションとは，要求レベルの高い顧客層，いわゆるハイエンド・ユーザーを対象に企業が築いてきた競争優位性を保ちながら，持続的に技術の改善を重ねていくことで生じるイノベーションのことを指す。ここで，持続的な技術の改善とは，例えば，デスクトップPCが主流だった時代，HDDの性能は，記憶容量が大きければ大きいほど高性能という評価軸があったため，絶えず，HDDの容量は大きくなっていた。参入企業が持続的イノベーションにこだわる理由は，常にその産業においてトップの性能を保てれば，競争優位性を保持し続けることができるという考え方なのである。ところが，顧客の声を聞き，既存の技術軸に基づき，絶えず製品の持続的な性能改善に取り込むと，顧客の要求レベルをはるかに超えてしまう過剰品質を引き起こすことがある。過剰品質の問題は，性能の向上を図るための投資に見合う高い顧客満足度やポジティブな市場反応が保証されないという非経済性が存在する点にある。

　一方，クリステンセンは，持続的技術開発に全力投球してきた企業が，市場において競争的地位を一気に失ってしまう現象に言及した。継続的に技術開発に投資してきたにもかかわらず，競争的地位を喪失するという予期できなかった結果を招いてしまう現象をクリステンセンは，イノベーションのジレンマと表現した。それではなぜ，イノベーションのジレンマが起きるのであろうか。イノベーションのジレンマという現象を説明するには，破壊的イノベーションの概念を理解する必要がある。破壊的イノベーションとは，市場において競争優位性を築いており，持続的イノベーションを行ってきた企業がもつ，その市場での優位性を破壊してしまう，つまり，既存技術あるいは既存製品の価値を破壊し，新しい価値を生み出すイノベーションのことである。

4. 破壊的イノベーションのメカニズム

　破壊的イノベーションが働く一次的なメカニズムとして考えられるのが，新規参入企業による低価格，ローエンド型製品・サービスの導入である。図7-1 で示すように，低価格，ローエンド型の製品が市場に登場した際には，市場はハイエンド・ユーザーの評価軸に基づいているため，その評価軸にのらない機能・性能は評価されにくい。前述したHDD の事例では，メインフレームの企業は HDD の容量が評価軸となり，HDD のサイズ，つまり小型・軽量化といった点については関心が低かったのである。しかし，ローエンド型製品の持続的品質向上が進み市場で要求される技術レベルに到達する，つまり，メインフレームに対してローエンドであるミニコンピュータの性能が十分に向上し，さらに，メインフレームの性能が，ハイエンド・ユーザーが望むレベルをはるかに凌ぐようになると，製品性能との間で過剰品質というギャップが生じる。そして，ミニコンピュータの性能がハイエンド型製品の要求レ

　ベルまで到達すると，後発のローエンド型製品であるミニコンピュータがハイエンド製品を駆逐してしまうことが起こる。これがイノベーションのジレンマという現象である。また，この事例でいう 5.25 インチの HDD は，8 インチの HDD に対して破壊的イノベーションとなった。このように，破壊的イノベーションを起こす破壊的技術というと最先端技術を思い浮かべるが，必ずしもそうではなく，ローエンドでありながらも持続的に性能を向上させることにより，従来製品・技術を駆逐してしまうような現象を「破壊的」と表している。破壊的イノベーションが起こると，急激に市場シェアを奪い，新規参入企業は，既存企業に破滅的な打撃を与える。

　それではなぜ，ハイエンド・ユーザーと十分にコミュニケーションを

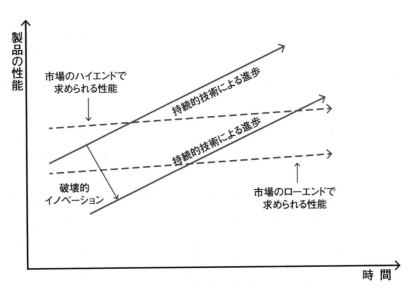

出典：クリステンセン著，伊豆原訳 (2001)，p.10

図7-1　イノベーションのジレンマ

取りながら持続的イノベーションを起こしてきた既存の優良企業は，新規参入企業の破壊的イノベーションに対応できず，競争優位性を失ってしまうのであろうか。

まず，破壊的技術を用いた製品が市場に登場しても，既存企業にとってその市場規模は，既存市場と比べて小さく，高い収益を見込めないことが多い。また，破壊的技術による製品市場は，今後の市場規模の推測が難しい不確実性が高い市場である。そのために，既存企業は，そう簡単に破壊的技術を開発するために経営資源を投入できない。

また，既存企業は，ハイエンド・ユーザーと密接にコミュニケーションを取りながら，顧客を満足させるための漸進的な技術改善を進めてきたが，ハイエンド・ユーザーは，既存の評価軸に固執し，破壊的技術を高く評価しないことがある。前述の8インチHDDの事例では，メインフレームには，高容量の8インチのほうが5.25インチよりも絶対的に優れているという思い込みである。そのために，既存企業は，リーディングカンパニーとしての立場を死守するため，製品・技術の改善・改良に注力し，結果的に過剰品質を追求してしまう。この場合，破壊的技術が導入されても，評価軸としての優先度は低い。さらに，破壊的技術の可能性が認識できても，現在の強みやイメージを維持しようとする組織全体の慣性や，エンジニアのプライドが，既存の評価軸からの転換を妨げてしまう。

さらに，成功している既存企業は，過剰品質の追求と過度な多品種化により高コスト構造に陥ることがある。高機能化や多品種化がもたらす高コスト体質とその実現のための労力により，事業が非経済的・非合理的となり，競争力が低下し，変革が起こりにくい体質となるのである。

なぜ，成功している既存企業が破壊的イノベーションによって競争優位性を失ってしまうのか，その要因をまとめると，①破壊的技術の市場

規模に対する既存企業の考え方，②既存評価軸の中での顧客評価と顧客満足を意識し破壊的技術を軽視してしまうこと，③技術製品のイメージやエンジニアのプライドを守りたい既存企業の特性，④既存企業の組織的慣行，など，多岐にわたる要因が考えられる。

5. 破壊的イノベーションの種類と事例

　破壊的イノベーションをもとに，イノベーションのジレンマについて説明してきた。破壊的イノベーションについて，さらに議論を深めたい。破壊的イノベーションは，ローエンド型破壊的イノベーション（Low-end Disruptive Innovation）と新市場型破壊的イノベーション（New Market Disruptive Innovation）という分類ができる。本節では，それぞれの破壊的イノベーションの概念とメカニズム，事例について述べる。

（1）ローエンド型破壊的イノベーション

　ローエンド型破壊的イノベーションとは，ローエンド製品により実現される破壊的イノベーションである。既存企業は市場において競争的地位を築いており，洗練された，または，高いレベルの性能を求めるハイエンド・ユーザーを主なターゲットとし，持続的な技術開発を進め，次々と新製品を発売する。既存企業の製品は，技術レベルからみると新規参入企業の技術レベルより高いが，その分価格も高い。HDD の事例では8インチ HDD メーカーはメインフレームメーカーをターゲットとしており，大容量化を進めることに相当する。一方，新規参入企業は，既存企業がターゲットにしていないローエンド・ユーザー層を狙い，低価格，低品質の製品を持って市場に参入する。HDD の事例では5.25インチ HDD メーカーは，容量や演算速度がメインフレームメーカーほど

高い仕様が要求されないミニコンピュータメーカーをメインのターゲットにし，小型・軽量化をもとに大容量化を進めた。開発当初は，容量では8インチのHDDにはかなわなかったが，持続的な技術革新により，ローエンド・ユーザーが求める最低限のレベルの性能を備えるようになった。さらに，漸進的な技術革新により，ハイエンド・ユーザーが求める最低限のレベルに達成するようになると，価格競争力により，既存企業の市場シェアを奪うようになり，既存企業はその競争的地位を失うことになる。

　ローエンド型破壊的イノベーションの事例として，アメリカの鉄鋼産業の事例がよく引用される（**図7-2**参照）。鉄を作るには，いろいろな

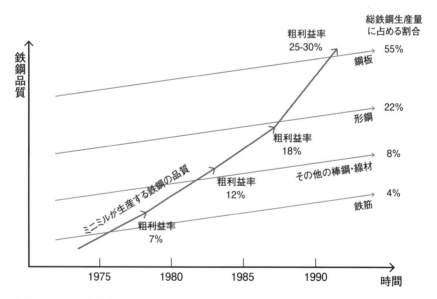

出所：アメリカ鉄鋼協会，および企業の経営幹部とのインタビュー。その他の特殊鋼を含まないため，業界の総生産量に占める割合の合計は100％にならない。

出典：クリステンセン著，櫻井訳（2003），p.45

図7-2　ローエンド型破壊的イノベーション

方法があるが，最も一般的な方法は高炉によるものである。高炉に，鉄鉱石，コークス（炭素），石灰石を入れ，1500度の高温によりコークスが熱せられて発生する一酸化炭素（CO）が鉄鉱石を還元し，銑鉄ができる。その銑鉄の炭素含有量を減らしたのが"鑛（ハガネ）"であり，通常，"鉄"と呼ばれる。総合鉄鋼メーカーは，鉄筋，形鋼など，高品質の鉄鋼製品の生産を行っていた。その最高品質のものが，高張力鋼（HTSS：High Tensile Strength Steel）と呼ばれ，鉄筋，形鋼など一般構造用鋼材よりも強度が強く，主に自動車のボディに使用される。1960年代半ば，大規模な高炉メーカーとは対照的に，規模が小さい電炉で屑鉄などのスクラップから鋼材を作るミニミルと呼ばれる鋼材メーカーが市場参入した。参入当初は品質も低く，総合鉄鋼メーカーも気に留めることはなかったが，その後，持続的な技術開発が進み，性能は漸進的に向上し，近年では，鋼板市場まで進出し，総合鉄鋼メーカーの市場シェアを侵食している。ローエンド型破壊的イノベーションの典型的な事例であろう。

（2）新市場型破壊的イノベーション

　新市場型破壊的イノベーションは，製品技術に関する評価軸の変化と顧客層の変化がもたらす，新市場の創出による破壊的イノベーションのことである。新規参入企業が，市場における既存製品の評価軸，あるいは製品の本質的な意味とは異なる新しい評価軸を築くことによって起こる。また，評価軸と製品・サービスの意味が変わり，新市場が形成されれば，既存企業は市場における競争的地位とユーザーを失うことになる。

　新市場型破壊的イノベーションの代表的事例として，HDD（ハードディスクドライブ）を取り上げる。デスクトップPCが主流だった時代，

HDD市場の評価軸は，記憶容量の大きさであった。当時のHDDのサイズは14インチと，現在からみると大きなものであった。1970年代後半，8インチの小型・軽量化されたHDDを，新規参入企業が開発していった。当初，大型コンピュータメーカーは，性能が劣り，記憶容量当たりの生産コストが比較的高い新規技術にあまり着目しなかった。一方，新規参入企業は，ノートパソコンという新しい市場に向けて，小型化・軽量化されたHDDを展開することで，新しい市場を獲得していった。その後，HDDの記憶容量の増大や単位記憶容量あたりコストの改善を通じて，8インチHDDが市場の中心となったのである。

クリステンセンの破壊的イノベーション理論では，当初，ローエンド型破壊的イノベーションのほうが典型例として説明されていた。しかし，現実的には，新市場型破壊的イノベーションのほうが，現在においてはより多くの事例が見受けられる。他の事例として，デジタルカメラがある。長い歴史を持つ銀塩フィルムによるカメラは，画質もよく，使い勝手も悪いものではなかった。しかし，1990年代の，光学素子（CCD）の開発により，1996年，カシオのQV−10というデジタルカメラが発売されると，一気に，銀塩フィルムのカメラは駆逐されてしまった。これは，画素数という性能では劣るが，フィルムが必要なく現像も不要という利便性によるものである。この事例も，新市場型破壊的イノベーションの典型的な事例である。

（3）破壊的イノベーション論の意義

クリステンセンが提唱したイノベーションのジレンマと，それにより確認できる破壊的イノベーションの存在は，イノベーション理論や企業の技術戦略に多大な影響を与えた。これは，従来のイノベーション理論が，技術供給側，つまり企業の目線から考えられたものであるのに対

し，イノベーションのジレンマは，市場における企業の競争的地位や顧客側の要求レベルにも注目した点にある。

さらに，破壊的イノベーションという見方は，従来，分類されてきたラディカル・イノベーションやインクリメンタル・イノベーションとは異なった視点から分類されるものである。破壊的イノベーションに関して特に重要な点は，あまりにも最先端技術や最重要顧客の動向にこだわりすぎて，過剰品質を招いてしまう点にある。顧客の要求に対し，盲目的に技術開発を継続し続けることで，市場が求める水準をはるかに超える過剰品質に陥り，非効率的で価格競争力に欠ける結果を招いてしまうことが起きる。その結果，新規参入企業は，従来とは異なった評価軸を有した技術，すなわち破壊的イノベーションによってローエンド市場を攻略できる機会を得ることができる。破壊的イノベーションを起こすことで，既存の有力企業との競争を避け，新しい市場を創造してしまうことで，競争優位性を築くことができるのである。

6. まとめ

クリステンセンによるイノベーションのジレンマについて説明してきた。これは，優良な先行企業が合理的に判断した結果，破壊的イノベーションの前に新規参入企業に遅れを取ってしまうことである。最後に，イノベーションのジレンマがなぜ起こってしまうのかをまとめ，本章を締めくくる。

①企業は顧客と投資家に資源を依存している

企業では，既存顧客や短期的利益を求める株主の意向が優先される。そのために，ヒト・モノ・カネといった経営資源は，潜在的ではなく顕在化されたニーズを満たすことにつぎ込まれる。すなわち，破壊的イノ

ベーションを自ら仕掛けることはない。

②小規模な市場では大企業の成長ニーズを解決できない

イノベーションの初期では，市場規模が小さく，大企業にとっては参入の価値がないように見える。したがって，大企業が破壊的イノベーションに取り組むことは難しい。

③存在しない市場は分析できない

イノベーションの初期では，不確実性も高く，現存する市場と比較すると，参入の価値がないように見える。つまり，過去の成功体験のほうが未知の破壊的イノベーションよりも魅力的に見えてしまう。

④組織の能力は無能力の決定的要因になる

企業は，既存事業を営むための業務プロセス改善などを行うことで，業務能力が高まる。そのため，破壊的イノベーションのように異なる事業の育成には，業務の能力が発揮できないことが起こり得る。

⑤技術の供給は市場の需要と等しいとは限らない

既存技術を高めても，それに需要があるとは限らない，性能は劣っても，新しい機能などに魅力を感じるユーザーも存在する。

以上，イノベーションのジレンマがなぜ起こるのかという問いに対し，企業がとるべき対応としては，ある製品で成功したからといって，その成功は永続きしないと考えるべきである。また，破壊的イノベーションを仕掛けようと，数多くの企業が市場参入を狙っていると考えるべきである。後発メーカーに破壊的イノベーションを仕掛けられないためには，先行企業，自らが破壊的イノベーションの可能性を常に考えておく必要がある。

学習課題

1．身近なサービスや製品について，ローエンド型破壊的イノベーションと新市場型破壊的イノベーションの事例があるか，考えてみてください。
2．技術力を武器にしてきた日本の製造業は，破壊的イノベーションに対してどのように対応していくべきか，考えてみてください。
3．イノベーションのジレンマが起こった事例を探してみてください。

参考文献

Christensen, C.M. (1997) *The Innovator's Dilemma: When New Technologies Cause Great Firms to Fail*, Harvard Business School Press, Boston.〔邦訳：クレイトン・クリステンセン著，玉田俊平太監修，伊豆原弓訳（2001）『イノベーションのジレンマ〈増補改訂版〉』翔泳社〕

Christensen, C. M., & Raynor, M. E. (2003) *The innovator's solution: Creating and sustaining successful growth*, Boston, MA: Harvard Business School Press.〔邦訳：クレイトン・クリステンセン，マイケル・レイナー著，玉田俊平太監修，櫻井裕子訳（2003）『イノベーションへの解　利益ある成長に向けて』翔泳社〕

8 | イノベーションと組織

徐 康勲

《目標&ポイント》 成功企業は，模倣されにくいユニークで高度な技術力を持ち，急変する市場ニーズに対して迅速に多様な商品を展開できる組織能力を有している。そして，組織能力を生む仕組みは，適切な組織デザインによって成り立っている。イノベーション組織をうまく構築・マネジメントできる企業こそ，持続的な競争優位を確保しやすくなる。本章では，イノベーションにおける企業の組織能力とコア技術の概念，さらに，イノベーションを担う組織デザインについて論じる。
《キーワード》 組織能力，コア技術，機能別組織，プロジェクト組織

1. はじめに

　近年の厳しい競争環境下では，たとえ，ある企業が一度，ヒット商品を市場に出したとしても，それが企業の長期的な業績と優位性につながるという保証はない。また，ある企業が特定技術分野において優位性を持っていたとしても，技術レベルが平均化され，短時間で競合他社にキャッチアップされてしまうことも起こる。現代は，単発的なヒット商品や技術優位性だけでは，製品差別化を図りにくい時代になっている。そのために，企業にとって集中的・長期継続的に技術の優位性を構築し，次々と新しい商品を市場に投入していく仕組み，組織能力の重要性が増々高まっているのである。

　組織能力の定義は多岐にわたるが，ヒト・モノ・カネという経営資源を組み合わせて業務を遂行する能力，と理解できる。組織能力とは，人

材のような有形の経営資源と，知識・ノウハウ・学習能力といった，さ
まざまな無形の資源を統合した上で，資源を活用する仕方までを含む網
羅的概念である。一方，企業が有する資源そのものを組織能力として捉
える見方もある。それに加えて，長期継続的に組織能力を築いていける
能力，仕組みも重要な要素である。つまり，組織能力とは，企業が固有
に持つ有形・無形の資源であり，それを活用し構築する能力と理解する
べきであろう。組織能力は，組織のシステムや風土・文化に深く関わる
概念であり，組織の個性やアイデンティティを示すものである。特に，
組織能力は，組織のイノベーション能力の源泉として捉えられるもので
ある。本章では，組織能力に関する理解を深め，どのようにイノベー
ションにつなげていくのかというマネジメントの概念として理解するこ
とを目的とする。

2. 組織能力の主体

　組織能力と類似した概念として，他にもケイパビリティ（Capability），
コンピタンス（Competence），リソース（Resource）という表現もよ
く使われる。これらの概念は，厳密に言うと，それぞれ言葉が使用され
る文脈や意味合いは異なるが，企業が有する固有の能力を示していると
いう点では共通している。組織能力は，さまざまな類似語があるよう
に，非常に幅広い概念であるが，個人か組織か，技術的能力か社会的能
力かという2軸で示すと類型化できる（**表8-1参照**）。この分類による
と，表中，左上の「個人の機能的能力」とは，生産能力やマーケティン
グ能力，財務，専門技術能力など，個人が職務を行う上で有している能
力を示す。次に，左下の「個人のリーダーシップ能力」とは，個人の社
会的能力で，組織全体のビジョンを提示しチームのモチベーションを上
げるリーダーシップ力のことである。右上の「組織のコア・コンピタン

表8-1　組織能力の類型

	個人 (Individual)	組織 (Organizational)
技術的能力 (Technical)	個人の 機能的能力	組織の コア・コンピタンス
社会的能力 (Social)	個人の リーダーシップ能力	組織の ケイパビリティ

出典：Ulrich & Smallwood（2004），p.2より筆者訳出（Norm Smallwood, Dave
　　　Ulrich, Capitalizing on Capabilities, Harvard Business Review）

ス」とは，組織が有する技術的能力のことで，例えば企業が有する技術
的知識，ノウハウ，学習能力を示す。右下の「組織のケイパビリティ」
とは組織の社会的能力のことで，組織固有のDNA，アイデンティティ，
個性，文化，風土など，イノベーションを生む能力も組織のケイパビリ
ティと考えられる。

3. 企業と組織能力

　類型化された組織能力は，どのような組織にも当てはまるとは断定で
きないが，優れた企業が有する組織能力の傾向については明らかになっ
てきている。たとえば，人材を適切に採用・育成・管理する能力，組織
内に共有されているその企業に特有の考え方，社員間に一貫したブラン
ドアイデンティティ，事業結果の責任と報酬システム，コラボレーショ
ン能力，組織学習能力，リーダーシップ，顧客との友好的関係，組織戦
略の有無と共有，イノベーション能力，コスト効率性など，良い会社と
される企業が示す能力はすべて組織能力によるものと説明されている。
一方，特許，データ，製造設備などの技術的資源，個人の知識やノウハ

ウなどの人的資源，それらのすべての資源を統合して効果的・効率的に活用するための組織プロセスである組織ルーチン，ビジネスモデルを示す事業システムなども組織能力とされている。これらの組織能力の特徴として，①自然蓄積性，②模倣困難性，③多重利用性がある。それぞれについて，説明しよう。

①組織能力の自然蓄積性

組織が長期にわたって業務を遂行し，試行錯誤を繰り返すことで，組織能力が自然に組織内部に蓄積・定着されるという考え方である。組織能力は使えば使うほど強化される。

②組織能力の模倣困難性

組織能力を説明する上で重要な特徴であるが，模倣困難な組織能力こそ長期的差別化の源泉となる。組織能力が模倣困難な理由は，それが主に無形の資源や組織ルーチンにより構成され可視化できないことで，競合他社が分析・真似しにくいためである。なお，組織ルーチンとは，日常の業務を通じて長期にわたって蓄積されるため，競合他社が短期間で真似しにくいという性質がある。

③組織能力の多重利用性

組織能力とは，ヒト・モノ・カネといった内部資源のように，使われるたびに消耗していくものではない。多様なサービスや製品に適用され，何度も繰り返し使用できるものである。組織能力を多重に利用できることで，規模の経済や範囲の経済を享受しながら企業の収益を最大化していくことができる。

以上，企業にとって組織能力とは，無形の資産，組織ルーチン，暗黙知により構成されていることが分かった。一方，組織能力を明確に定

義・可視化し，それを評価・管理することは困難であり，育成・構築・マネジメントすることは容易ではない。逆に，組織能力を構築・保有できれば，他社との差別化を実現することが容易になることは明らかである。このように企業が組織能力の構築を目指すのは，単発的にヒット製品を当てることではなく，持続的に優位性を維持させるために必要不可欠な能力と考えるためである。

4. コア技術の形成

　本節では，コア技術の概念，コア技術の形成プロセス，製造企業のコア技術戦略を中心に述べる。コア技術とは，組織に蓄積された体系的な知識であり，組織能力の中でも特に技術に関わる概念である。ここでいう体系的知識とは，技術に対する知識や技術を商品化する知識，技術以外の部門，つまり原材料の調達や加工，生産，マーケティング，財務にわたる職務的な知識まで含む幅広い知識のことである。その他にもコア技術を理解するためには要素技術，機能業務，総合業務についての理解も必要である。

　製造企業の新製品開発プロセスは，技術開発とその技術を基盤とした製品開発という2つの側面を有する。要素技術とは，素材技術，製品開発のプロセス，加工技術，生産技術など，企業が有している固有技術を指す概念である。製造企業の製品開発は，特定の要素技術を開発・発展させていく機能業務と，さまざまな要素技術を適切に組み合わせることで，商品全体の完成度を高めていく総合業務で成り立っている。つまり，コア技術とは，製造企業が要素技術開発や製品開発を長期にわたってすり合わせていくことで形成される，総合的な知識体系のことである。

　コア技術は，企業の創立段階には存在しない。技術開発や商品化のプ

ロセスを繰り返すことにより組織内で構築される。コア技術は長期にわたる技術の開発と多様な商品への適用を前提としているため，技術の汎用性と発展性を考慮し，適切な技術ドメインを定める必要がある。図8-1はコア技術の形成プロセスを示している。図中，まず，商品1が開発される際には要素技術4と5が使用される。次に，商品2の開発には，商品1の際の要素技術4と5が活用され要素技術3が追加される。この場合，図中，丸印の色が濃く変化するのは要素技術の高度化を意味している。商品1から商品7の開発まで，既存の要素技術が反復的に活用されるとともに，それぞれの要素技術が高度化されることが示される。また，必要に応じて，新しい要素技術が追加されることもある。

このようなプロセスによって多様な製品開発が実現し，コア技術の高

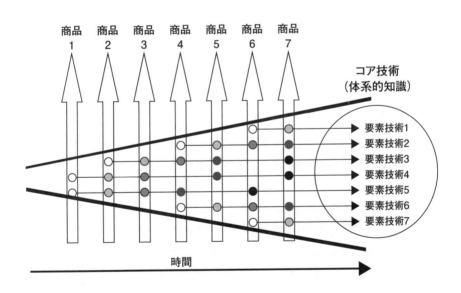

出典：延岡（2006）『MOT［技術経営］入門』，p.107

図8-1 コア技術の形成プロセス

度化が進む。着目すべきは，長期にわたり，特定技術を用いた製品を開発することにより，結果的にコア技術が構築されることである。例えば，シャープは1970年頃から液晶を集中的に開発し，1973年には電卓，その後，電子手帳など液晶技術の優位性を生かしたヒット作を次々と開発することで1990年代以降からは液晶技術において世界的な優位性を確保した。

5. コア技術戦略

　企業がイノベーション活動において，コア技術を中核と位置づけ，長期的に構築していく戦略をコア技術戦略という。製造企業が新製品開発を行う際，要素技術開発に過度に傾斜すると急変する市場ニーズに対応できなくなり，逆に，市場対応に注力しすぎると，要素技術の育成がおろそかになる。コア技術戦略は，要素技術の育成と市場への柔軟な対応というトレードオフを解消するために必要なのである。つまり，優れた製品開発には，機能業務と総合業務のいずれも欠かせない。技術の優位性を確保するためには，長期にわたり要素技術に集中的に取り組むことが必要である。しかし，不確実な競争環境の下では，長期にわたり蓄積した要素技術が役に立たなくなるリスクも存在する。市場環境の変化に対応していくためには，柔軟な技術開発と製品開発の両者に目を配る必要がある。

　図8-2は，製造企業が採択可能な戦略の類型とコア技術戦略の位置づけを示している。図中，縦軸を示す「技術」とは組織独自の技術開発を指し，横軸の「商品・市場」とは，独自技術を統合した製品開発を示す。集中戦略は，製造企業が特定技術や商品の開発に集中する戦略である。企業の独自技術を高度化する強みを持つが，市場変化に対応できないリスクも抱えている。一方，分散戦略は，多様な技術や商品を開発す

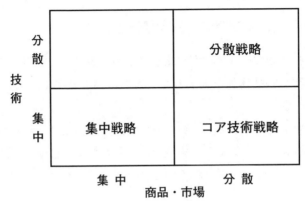

出典：延岡（2006）『MOT［技術経営］入門』，p.104をもとに筆者作成
図8-2　コア技術戦略

る戦略のことである。この場合，市場変化には対応できるが，技術の優
位性を確保することは難しくなる。

　コア技術戦略は，特定の技術を集中的に開発しながら，それをもとに
多様な商品を展開していく戦略のことである。コア技術戦略の代表的な
事例としては，シャープの液晶，味の素のアミノ酸，京セラのセラミッ
クス，コニカミノルタの光学技術などが挙げられる。

　コア技術戦略の優位性をまとめておこう。まず，自社のコア技術を高
度化できる点である。コア技術を多様な商品に適用することにより陳腐
化を避け，鍛えていくことができる。次に，コア技術により，関連する
市場創出効果を享受できる点にある。コニカミノルタは光学技術をコア
技術として育成・活用していくことで，カメラ，コピー機，医療機器の
製造，プラネタリウム事業まで多角化を推進することができた。さら
に，リスクの分散効果がある。特定の技術分野に集中しながら，さまざ
まな商品を開発していくことで，市場変化に対応できないリスクを分散
することができる。

6. イノベーションを担う組織デザイン

　組織能力を発揮し，コア技術戦略を効率的・効果的に実現していくためには，適切な組織体制を備える必要がある。**図8-3**に３つの組織構造を示している。

　製造企業の技術開発と製品開発において，多く見受けられる組織構造が，機能別組織，プロジェクト組織である。さらに，自動車の開発などではマトリクス組織が採用されている。以下，それぞれの組織構造について説明する。

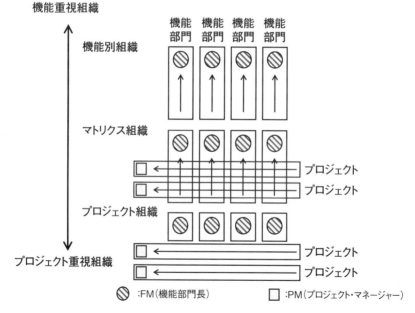

出典：延岡（2006）『MOT［技術経営］入門』，p.190をもとに筆者作成

図8-3　組織構造

（1）機能別組織

　機能別組織は，特定の要素技術を開発し，その要素技術の高度化を目指す機能業務を重視する。製品開発に必要な要素技術の創出を重視するため，「インプット」を重視した組織構造とみなせる。この組織構造における各機能部門は，それぞれの分野の技術開発に専念する。機能別組織は，商品の数や種類が限られる産業で広く見うけられる。

　その特徴は，各機能部門長（FM: Functional Manager）が技術開発を総括することにある（図8-3参照）。特定商品の開発に向け，例えば開発・製造・販売・購買の各機能部門間の調整が必要な場合，ミーティングを開くことになる。この際，各部門の調整役は，各部門間の円滑な情報交換と調整を促進することが必要となる。

　機能別組織の利点は，技術の集中・蓄積とその体系化が容易な点にある。この組織タイプでは，各部門がそれぞれの職務に専念するため，特定技術を部門内で体系的に育成・蓄積することを目的とした組織構造といえる。一方，迅速な市場ニーズへの対応や商品の多様化といった市場変化への対応，それぞれの部門による機会主義的行動によるコンフリクトの調整などがこの組織タイプの課題となる。多様性，柔軟性が求められるビジネス環境において，各部門間の調整を行う機会が増え，トップダウンによる意思決定が必要となる組織構造である。

（2）プロジェクト組織

　プロジェクト組織は，必要な要素技術を統合し，製品開発のスピードを重視した組織構造である。プロジェクト組織では，さまざまな知識・経験を有したメンバーを集め，部門横断的に製品開発を行う（図8-3参照）。この特定製品の開発を担う業務のことをプロジェクトという。プロジェクト組織は，要素技術の最適統合による特定商品の開発が強調

される自動車産業や，ソフトウェア産業などで良く見られる組織である。

　プロジェクト組織では，特定の製品開発を目指し，一定期間，独立した組織としてプロジェクトチームを立ち上げる。プロジェクトが終わると，各メンバーは元の部署に戻ることが多い。すべての機能部門のメンバーがプロジェクトに召集されるのではなく，機能別組織と並行してプロジェクトが立ち上げられることが多い。そのため，製品開発を総括するプロジェクト・マネージャー（PM: Project Manager）が存在し，経営資源の配分など，大幅な権限が与えられることになる。

　この組織構造の利点は，急変する市場ニーズに迅速に対応できる点にある。特定製品のニーズが認識され，その製品開発に必要性が認識されれば，プロジェクトチームを立ち上げ，プロジェクト・マネージャーに権限を与えることにより，メンバー，スケジュール，予算などの調整を一任できることが利点となる。トップマネジメントは，製品開発の意思決定において，その負担が軽減されることになる。

　一方，プロジェクトは，アドホックな運営を狙いとしているため，製品開発を成功させても，その体系的知識の蓄積・移転が課題となる。また，プロジェクトと他部門との横断的な技術・ノウハウの共有や製品ラインナップ全体の総合的な管理も課題となる。

（3）マトリクス組織

　マトリクス組織は，機能別組織とプロジェクト組織の中間に位置する組織構造を持つ（**図8-3**参照）。マトリクス組織には，各部門の要素技術の開発・高度化をマネジメントする機能部門長（FM）と，多様な要素技術の組み合わせによる製品開発を総括するプロジェクト・マネージャー（PM）が並存し，プロジェクトチームには，事実上，2人のマ

ネージャーが存在する。そのため，マトリクス組織は，機能別組織とプロジェクト組織，両者の利点を備えている。つまり，各部門内の体系的知識の蓄積・移転が容易であり，多様で完成度が高い製品開発の迅速な遂行が可能となる。

　一方，この組織構造は，両者の課題も共存することになる。たとえば，マトリクス組織には FM と PM という 2 名の意思決定権者が存在し，それぞれの立ち位置からコンフリクトが生じ，組織運営上の課題となる可能性がある。このような課題を克服するため，マトリクス組織を有する企業では，役割分担における FM と PM の権限の強さによって，2 通りのやり方が存在する。軽量級プロジェクト・マネージャー型組織では機能業務が重視され，FM の権限，社内地位が PM より強いのが特徴である。一方，重量級プロジェクト・マネージャー型組織では，製品開発に関する最終決定権は PM に与えられ，社内地位が FM より高い。いずれの場合でも，マトリクス組織に合う新たな人材育成や人事評価制度の導入も必要となってくるが，この点に関しても，課題があることも事実である。

7.　まとめ

　本章では，差別化の源泉としての組織構造について，そして，持続的な優位性を生むコア技術戦略という組織能力について説明した。一方，イノベーションによる組織のあり方には，さまざまな議論が存在する。たとえば，企業が追求するイノベーション戦略が組織のあり方を決めるという，いわゆる「組織が戦略に従う」という考え方や，逆に，製造企業が有する本来の組織体系や個性を前提に，それに適したイノベーション戦略が決まる「戦略が組織に従う」という考え方も存在する。

　イノベーションを起こす企業は，目指すイノベーションの種類，開発

する製品の属性，企業が置かれているビジネス環境などによって適切に
組織タイプを選ぶ必要がある。集中的・持続的に要素技術開発を行う必
要性がある場合，インクリメンタル・イノベーションを目指し，機能別
組織の体制を構築する必要がある。一方，ラディカル・イノベーション
を目指す企業は，要素技術開発よりも，製品全体のすり合わせを重視す
るプロジェクト組織が適している。また，競争環境が激しい市場に参入
する場合や消費者のニーズが複雑で明確ではない場合には，多様な製品
を迅速に展開する必要があるため，プロジェクト組織が望ましい。

　現実的には，製造企業の組織構造を明確に特定することは難しく，企
業が有する競争的優位性，置かれている競争環境などにより，さまざま
な組織のタイプが存在する。特に，技術的優位性，多様な製品ライン
ナップ，市場ニーズへの柔軟な対応が求められる競争環境下では，機能
別組織とプロジェクト組織の両者の利点を発揮できるマトリクス組織も
有力な選択肢となる。

学習課題

1．製造企業のイノベーションにおいて，組織能力がどのような価値を
　持つのか考えてみてください。
2．機能別組織とプロジェクト組織はそれぞれどのような特徴を持つの
　か，考えてみてください。
3．イノベーション戦略が組織構造を決めると思いますか，それとも組
　織構造がイノベーション戦略を決めると思いますか。それぞれの考え
　方について検討してみてください。

参考文献

Ulrich,D. & N.Smallwood（2004）"Capitalizing on Capabilities," *Harvard Business
　Review*, June 2004.
近能善範・高井文子（2010）『コア・テキスト　イノベーション・マネジメント』新
　世社（発売：サイエンス社）
延岡健太郎（2006）『MOT［技術経営］入門』日本経済新聞社

9 │ イノベーションと起業家

徐　康勲

《目標&ポイント》　起業家は，世の中に新しい製品・サービスといったイノベーションを起こし，経済活性化に貢献する。起業家の概念，活動，属性，その育成など，起業家に関する議論は，シュンペーターの時代より議論されてきた。本章では，起業家が経済活性化にとってなぜ重要な役割を果たすのかについて考える。
《キーワード》　起業家，起業家活動，起業家育成

1.　はじめに

　起業とは，新しく事業を始めることである。事業を始めることと会社を立ち上げることは，厳密には同じではない。つまり，事業を立ち上げればそれは起業であり，必ずしも，会社を立ち上げる必要はない。もう少し現実的に起業を考えると，将来の経済的な付加価値とサービスを生み出す行為であり，より具体的には，新しい事業の機会を捕捉し，顧客関係を築き，資金を集めることに成功することである。
　『2016年版 中小企業白書』によれば，わが国では1年間の開業率は4〜5％で推移しており，アメリカやイギリスの半数に留まっている。また，起業のしやすさという観点からみると，先進国の中でも資金調達という面で下位になっており，起業が活発化していないことは明らかである。本章では，新しい事業にチャレンジしたい人が積極的に起業するためには，何が必要なのか，特に，イノベーターとしての起業家という

側面から考えてみたい。

2.　起業家とは

　起業活動の主体となるのが起業家である。アントレプレナー
（Entrepreneur）は起業家，あるいは企業家と訳される。起業家に関し
てはさまざまな定義が存在している。フランスの経済学者カンティヨン
（Richard Cantillon）は，1725年，起業家を「先見の明をもち，危険を
進んで引き受け，利潤を生み出すのに必要な行為をする者」と表現し
た。シュンペーターは，1853年，①製品革新，②製法革新，③組織革
新，④市場革新，⑤購買革新など，「革新と新結合の担い手」と定義し
ている。また，起業家を意味するアントレプレナーは，もともとフラン
ス語のentrepreneurを語源としているが，それは，entre（between）
とprendre（take）の結合語であり，1400年代のマルコ・ポーロ
（Marco Polo）のような，高いリスクを抱えながら貿易を行った仲買人
たちのことを指していた。つまり，アントレプレナー自体は，不確実性
のうち新しい事業の機会を捕捉し，リスクを取りながら，新しい事業・
イノベーションを起こす存在なのである。

　国内で起業家と同意語として良く使われるのが「企業家」という用語
である。「起業家」と「企業家」，いずれもentrepreneurの訳語ではあ
るが，その意味上の差異をはっきり特定することは難しい。一般的に，
新しい事業を始める，あるいはイノベーターとしての意味合いをより強
調するのが起業家であり，企業家は起業という行為に加え，企業マネジ
メントの意味も含むより一般的な概念であり，両者ともイノベーション
の主体として認識されている。『ブリタニカ国際大百科事典』によると，
企業家は「新製品の開発，新しい生産方式や技術の導入，経営・生産組
織の改善，新しい市場の開拓，原料の新しい供給源の開発などにより常

に革新を行なって経済に新しい局面をもたらすような創造的な機能をもつ者」と定義されている。また，『デジタル大辞泉』によると，「企業を起こし，企業の経営に取り組む人」，つまり，経営者である。結局，「企業家」も「起業家」も，厳密にその意味上の差異が意識されて使われているわけではない。本項では，アントレプレナーについて，「イノベーション，新事業の主体としての起業家」とする。

3. 起業家精神とは

アントレプレナーに関連してよく使われるアントレプレナーシップ（Entrepreneurship）は，「起業家精神」あるいは「起業家活動」と訳される。前者の場合，アントレプレナーシップについて，革新の機会を見出し，それを意思決定により利益創造しようとする精神性として捉えており，起業家の精神・性質面という意味合いが強くなる。一方，後者は，精神的な面に加え，起業家の行為，組織創出，起業のプロセスを含む，より包括的で総合的なプロセスという意味を持っている。起業家活動において中核的な役割を果たすのは起業家であるが，その他にも，起業家活動を支えるステークホルダーとして，政府，ベンチャー・キャピタル，金融機関，大学，起業家予備軍などの協力者と後援者の存在も欠かせない。

それでは起業家活動は社会に対してどのようなインパクトを与えているのだろうか。なぜ重要なのであろうか。一般的に，一国の経済成長において柱とされているのが，既存の大手企業と中小企業，起業家活動により生まれたスタートアップ企業である。イノベーションは，新事業の結果として新規雇用を創出し，国の経済発展・活性化に寄与する。さらに，起業家によって提供される新しい製品・サービスは，社会をより便利で豊かにする。コンピュータやインターネット，スマホ，キャシュレ

スサービスなどは，現代人の日常生活において欠かせない製品やサービスであり，その生活をより便利で豊かにしている。さらに，それらにより高度の情報通信社会が到来したといっても過言ではない。

そのため，いかに起業家を育成するかが重要であり，イノベーションが普及する環境・仕組みづくりに成功するか否かによって，一国の経済のパフォーマンスが決まる。また，起業家が活躍する国ほど，高度な経済成長を達成している。GAFA（Google, Apple, Facebook, Amazon）のようなシリコンバレー発祥の新規企業は，世界にイノベーションを発信し，アメリカの経済発展に大きな貢献をしている。

起業家には，さまざまな分類基準が存在する。まず，起業の背景によって新規起業，社内起業，産学連携型起業などに分類できる。新規事業を起こす起業家はアントレプレナー（Entrepreneur）であり，ニュー・ベンチャー（New Venture）とも呼ばれる。一方，企業内の起業は，企業内ベンチャーと呼ばれ，その場合の起業家を，社内起業家，イントラプルナー（Intrapreneur）という。その他にも，近年TLO（Technology License Office）やPFI（Private-Finance-Initiative）など，産学連携型起業家も見受けられるようになった。特に，起業家の養成が制度として定着しているアメリカでは，近年，産学連携が起業家を輩出する重要な役割を果たしている。

起業家の経験や事業運営タイプ，目標などによって，起業家を分類することもできる。例えば，事業を興した経験のある起業家（Habitual Entrepreneur）と事業の経験がない，初めて事業を興した起業家（Novice Entrepreneur）という分類がある。また，事業運営スタイルによって，1つの事業を終えてから他の事業を興す，シリアル・アントレプレナー（Serial Entrepreneur）と，複数の事業を同時に行うポートフォリオ・アントレプレナー（Portfolio Entrepreneur）という分類

も存在する。現実的には，起業家の分類は多様であるため，複合的な形で起業を表すことになる。例えば，テスラモーターの創業者であるイーロン・マスク（Elon Reeve Musk）は，金融決済会社であるペイパルを創業したが，その売却以降，民間宇宙開発企業であるスペースＸとテスラモーターを設立し，CEO に就任した。そのため，一見シリアル・アントレプレナーに見えるが，複数の企業を同時進行で経営するため，ポートフォリオ・アントレプレナーでもある。

　その他にも，近年の動きとして，企業の社会的責任，持続可能な開発目標（SDGs: Sustainable Development Goals）の遵守が求められ，起業の目的を利潤の追求ではなく，社会的貢献の実現とする社会起業家（Social Entrepreneur）も登場している。

4. 起業家の特性・成功要因・起業のプロセス

　起業家・起業家精神という概念は，さまざまな観点から議論されてきた。本節では，起業家とはどのような性質を持っているのか，また，起業を成功させるためには何が必要なのか，どのようなプロセスを経て起業は行われるのかについて考えてみる。

　起業家の特性に着目する研究方法を，属性アプローチという。属性アプローチは，起業家個人に注目し，起業家らしい性質に着目している。起業家の特性を示す基準として，達成動機の程度（Need for Achievement），統制（Locus of Control），リスクテーキング（Risk Taking）などが挙げられる。達成動機とは，ビジネスを成功させるための意志の強さを表す。次に，統制とは，自らのビジネスの成否を決める主たる要因の所在を表す概念である。つまり，運やビジネス環境など，外的要因による影響の可能性を強く意識する場合は，外的統制（External Locus of Control），自らの能力や努力などの内部的な要因の

影響をより強く意識する場合は，内的統制（Internal Locus of Control）とする。最後にリスクテーキングとは，リスクを受け入れる許容度合いのことである。

　起業家の属性に関する研究では，起業家は内的統制を重視し，高い達成動機や中間程度のリスクテーキングの持ち主であるとされている。一方，起業家の特性を分類する試みもなされている。たとえば，「イノベーション能力」と「マネジメント能力」の２次元のマトリクスで表し，それぞれを，イノベーター（革新者），マネージャー（管理者），プロモーター（促進者），アントレプレナー（起業家）と４つの特性に分類したうえで，イノベーション能力とマネジメント能力，両方を備えた存在として起業家の定義ができる（**図9-1**参照）。

　さらに，起業家に必要な態度と行動についても言及している。**表9-1**は，起業に伴う不確実性やリスクに耐える，起業家の精神面の能力や態度に関わる内容を示している。起業を成功させるため，起業家に

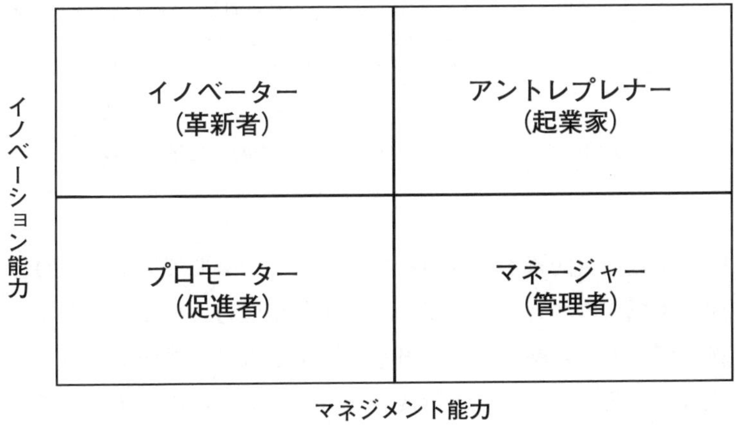

イノベーション能力	イノベーター（革新者）	アントレプレナー（起業家）
	プロモーター（促進者）	マネージャー（管理者）

マネジメント能力

出典：ティモンズ著，千本・金井訳（1997），p.42を参考に筆者作成

図9-1　起業家の特性

表9-1　起業家に必要な態度と行動のテーマ

テーマ	態度と行動
コミットメントと決意	迅速な決断力・強固な決意・粘り強さ，自制心，問題解決のしつこさ，個人的な犠牲心，コミットメント
リーダーシップ	セルフスターター，チームビルダー＆ヒーローメーカー，自分が望む扱いを人にする，富を貢献者に配分，誠実さと信頼・信用，公平の実践，一匹狼ではない，すぐれた学習者で教師，忍耐力と切迫性
起業機会への執念	顧客ニーズに精通，市場至上主義，価値創造への執着
リスク・あいまいさ・不確実性の許容度	計算されたリスク分担，リスクの最小化，パラドックスや矛盾の操作，不確実性と構造の欠陥に対する忍耐力，ストレスや葛藤への抵抗力，問題解決能力とソリューション統合能力
創造性・自信・適応力	革新的・オープンマインド・水平思考，絶え間のない体制変化，適応力と変革能力・創造的問題解決，迅速な学習能力，失敗を生かす，概念化能力と詳細分析への洞察力（ヘリコプターマインド）
一流へのモチベーション	目標と成果志向・現実的な高い目標，達成動機と成長動機，ステータスや権力に対する低い欲求，対人的な支援（反競争），自己の能力の的確な認識，バランス感覚とユーモアのセンス

出典：ティモンズ著，千本・金井訳（1997），p.188を参考に筆者作成

は人的資本と社会的資本が備わっていることが必要である。人的資本とは，起業家個人の教育，学習能力，情報収集能力，経験などのことであり，例えば，教育水準が高く，事業に関する有効で豊かな経験を持っている人は，起業そのものや起業後のマネジメントに成功する可能性が高い。一方，社会的資本とは，起業家の社会的関係・ネットワークを介して得られる，起業に関するアイデア・知識・情報のことである。

　近年では，起業家の個人的能力である人的資本だけではなく，社会的資本についても重要視されている。つまり，起業のためには，最低要件を満たす人的資本と社会的資本を保有し，一連のイノベーション・プロセスにおいて，それらの資源を効果的に活用する必要があるのである。起業を行うには，いくつかの段階を経るが，各々の資源の有効性は異なっている。例えば，起業機会の発見段階においては，起業家としての資質や本来持っている能力といった人的資本が重要であるが，起業を実行する段階においては，外部情報の活用がより重要である。

　起業家活動は，一般的に起業機会の捕捉，イノベーションを担う組織の編成，新事業に関わる資金の調達，事業管理，企業公開など最終的な出口戦略や投資資金の回収までを含む。このような起業プロセスは，一連の流れというより，場合によっては，同時進行で進められ，時には順序が入れ替わることもある。

5. 起業家の育成

　起業家というのは，そもそも教育やマネジメントの対象になるのであろうか。起業家になる人の属性，あるいは遺伝子を強調する意見もあるが，起業とは教えられる性質のものではなく，特別な才能を持つ人だけが成し遂げられる。起業家や起業家活動についてさまざまな定義が存在する一方，その資質や資格など，評価基準が曖昧なため，育成のためにはどのような教育を施すのが良いのかという疑問に答えることはできない。実際に，アントレプレナーの初期研究においては，事業を興す，起業に成功する人は，特別な経歴や能力を持っているという考え方を前提に研究が行われてきたのも事実である。しかし，近年，さまざまな実証研究を通じて，起業家の属性を強調するアプローチよりも組織的に起業家が育つ取り組みに着目するほうが現実的である，と考えられるように

なった。

　起業家の存在や起業家活動が，一国の経済活性化に中核的役割を果たしているという事実は，組織的で体系的な国家体制，起業までのプロセスを支える産業構造の必要性を示唆する。さらに，起業家教育は，起業家の存在価値や起業の必要性を喚起させ，起業に関わる暗黙知を可視化し，起業予備軍のモチベーションを高めることで，社会全般の起業家活動を促進する触媒の役割をする。

　では，起業家教育というのはどのように定義することができるのであろうか。経済産業省は，起業家教育を「起業家精神（チャレンジ精神，創造性，探究心など）と起業家的資質・能力（情報収集・分析力，判断力，実行力，リーダーシップ，コミュニケーション力など）を有する人材を育成する教育」と定義している。つまり，起業家教育は，起業家に求められる認知的な特性と具体的な行動戦略を特定し，起業家を養成するとともに，起業家活動を活性化する取り組みとして捉えられている。

6. 海外の起業家教育

　起業家教育分野において先進的に取り組んできたのがアメリカをはじめイギリスやドイツといった欧米の国々である。特に，アメリカは「起業家精神を代表する」，あるいは起業家を積極的に支援し，「起業家が尊敬される国」というイメージが強い。アメリカでは，1947年頃にはすでに，ハーバード大学ビジネススクールにおいて，大学では初のアントレプレナーシップに関する授業が開講されていた。1972年には，南カリフォルニア大学において，初めて学部レベルの起業家活動科目が開設されている。その後，アントレプレナーシップを教育する大学が急増し，1974年には104校に達し，2000年代以降には1600以上の大学で起業家教育が行われている。

　アメリカの起業家教育の1つの特徴として，大学が中核的な役割を果たしている点が挙げられる。つまり，アメリカの大学は，起業家研究や教育を先導するとともに，成功した起業家，ベンチャー・キャピタルなどから資金を集め，起業家教育を行うプログラムを運用するなど，起業家教育の充実化を図っている。実際，2000年代初頭には，全米の大学に集まった起業家教育の関連資金はおよそ4億ドルを超えたと報告されている。その他にもアメリカの起業家教育において大学が果たす機能は多岐にわたる。つまり，大学は，起業家の予備軍が専門的なコンサルティングを受ける仲介役となっている。

　その他にも，ビジネス・コンペを開催し，見込みのある起業家予備軍に創業支援金を提供するなど，起業家を発掘し育てるインキュベーターとしての機能も果たしている。近年では，アメリカのほとんどの大学が技術移転機関（TLO）を有している。TLOとは，大学の研究成果を特許化し，それを企業へ技術移転する法人であり，産と学の「仲介役」の役割を果たす組織である。大学発の技術によって起業を促し，それにより得られた収益の一部により研究資金を生み出し，起業の活性化をもたらすという「知的創造サイクル」が機能している。

　大学が起業家教育において重要な役割を果たすことになった背景としては，大学教育が知識で社会へ貢献するという公益性を持ち，社会的資本，人材や情報が集まりやすい環境であることに起因する。実際に，起業家教育の中心機関として，アメリカの大学では，①幅広いカリキュラムの提供，②コースの積極的な改廃，③実務家による教育の充実，④ケーススタディの提供，⑤教育における学際的協力構築，を目指している。起業家教育の発展は，経済危機の克服や長年にわたるアメリカ経済の好況にポジティブな影響を与えたとされている。つまり，1980年代の経済不況，2000年代初期のドットコムバブル（dot-com bubble）の

崩壊など，悪影響を与える出来事にもかかわらず，アメリカ経済は弾力的に右肩上がりの成長を成し遂げてきた。また，経済成長を牽引している主体は，革新的技術やサービスにより世界市場を制覇しているGAFAを代表とする，ビッグ・テック（Big Tech）企業の登場とも無縁ではないと言える。

7. 日本の起業家育成の課題

起業家精神と成長ベンチャーに関する国際的な調査，GEM（Global Entrepreneurship Monitor）がある。これは，アメリカ，バブソン大学とイギリス，ロンドン大学ビジネススクールの起業研究者による，正確な起業活動の実態把握，各国比較の追求，起業の国家経済に及ぼす影響把握，などを目的とした調査である。日本は，第1回調査が開始された平成11年から参加しているが，平成24年度の調査では，起業活動率というランキングでは，調査対象国69カ国の中で68位となっており，起業家意識の低さが目立っている。調査項目の中で特に「周りのスタートアップ起業家を知っているのか」「自分自身の分野において起業する良いチャンスがあった」「起業のためのスキルや知識を持っている」「起業意図」「起業の容易さ」「起業初期の活動」「生計のため起業する」「商業的・法的インフラ」といった項目では，調査参加国中，ほぼ最下位の結果となっている。

このような調査結果は，より起業家活動を促進するはずであるが，日本社会全般において起業家教育の活性化や発展のための取り組みは十分とは言えないのが実情である。経済産業省では，教育カリキュラムや教育プログラムの編成，成功事例の講演など，起業家教育の提供に尽力している。また，大学教育においても，ビジネススクールや理工系専攻の一部，文理融合型専攻などを中心に起業家研究や起業家教育が行われて

いる。しかし，日本の起業家教育の歴史と成果は，アメリカやイギリスに比べると，初・中期的段階である。また，起業をめぐる，さまざまなステークホルダーを結合する接点の役割を果たすアメリカの大学に比べると，研究・教育に比重を置いており，資金集め，コンサルティング機能，特許や商業化機能など，起業を支援するインキュベーターとしての機能は弱いのが現実である。

　そのため，起業家養成やマネジメント，起業家活動の活性化を図るためには，社会全般における起業家の存在価値に対するパラダイムシフトや環境の整備，起業家を養成するインキュベーターとしての大学の役割の強化が求められる。

8. まとめ

　本章では，起業家に関連する概念，活動，属性，教育などについて論じた。起業家は不確実性というリスクを取りながら新事業やイノベーションを起こす存在であり，起業家活動は，精神領域の内容を含め，新しい事業機会の捕捉，資金調達，イノベーション組織の設立，企業体のマネジメント，売却あるいは存続というプロセスを含む幅広い活動を含んでいる。起業家になる人，起業を成功に導く人の属性を明らかにする研究が行われてきたが，起業家の個人属性よりは，組織的・科学的管理論，育成論が注目・支持されていることを述べた。起業家の存在と起業家活動は，一国の経済活性化や社会のイノベーションの普及において中核的な役割を果たしている。起業家の重要性を良く認識し，その体系的な育成や教育，環境づくりに尽力しているアメリカやイギリスのような国こそ，新規雇用の創出や高付加価値を生み出すイノベーション普及などの恩恵を享受できたのは事実である。

　世界的な経済や基礎科学分野における日本の主導的な位置を考慮すれ

ば，イノベーションの基礎能力である起業家養成や起業家活動の活性化
をより図る必要がある。つまり，起業の活性化や起業に対する社会全般
の認識変化，環境づくり，大学の役割強化が求められているのである。

学習課題

1．起業に成功する人の共通点にはどのようなものがありますか？
2．起業家活動はなぜ国の経済に重要な影響を与えるのでしょうか？
3．より活発に起業が起きるためにはどのような工夫が必要でしょ
　うか？

参考文献

Global Entrepreneurship Monitor（2019）GEM Global Report 2019/2020.

Scott, S., Venkataraman, S（2000）"Note as The Promise of Entrepreneurship,"
Academy of Management Review, Vol.25, No.1, pp.217-226.

ジェフリー・A・ティモンズ著，千本倖生・金井信次訳（1997）『ベンチャー創造の
理論と戦略―起業機会探索から資金調達までの実践的方法論』ダイヤモンド社
〔原著：Timmons, J.A.（1994）*New Venture Creation*（4th Edition）. Irwin〕

近能善範，高井文子（2010）『コア・テキスト　イノベーション・マネジメント』新
世社

寺島雅隆（2008）「現代における起業家教育の実現性」『名古屋文化短期大学研究紀
要』33巻 pp. 22-28.

牧野恵美（2018）「海外における起業家教育の先行研究レビュー」『研究 技術 計画』
33巻，2号　pp.92-100.

中小企業庁（2016）『2016年版 中小企業白書』https://www.chusho.meti.go.jp/
pamflet/hakusyo/H28/h28/index.html

10 | 企業間関係のマネジメントと オープン・イノベーション

徐　康勲

《目標＆ポイント》　製造企業にとって，コア技術戦略による持続的競争優位性の確保は，ビジネスを成功させる上で重要である。しかし，競争環境の変化や急速な技術進歩により，製造企業が技術的優位性を長期にわたって維持することは容易ではない。競争優位性の中心となるイノベーションも外部の企業，時には，競合企業と技術的な分業・提携，さらには強みを持ち寄る，オープン・イノベーションを行う事例も増えている。本章では分業と提携，オープン・イノベーションを中心に，企業間関係のマネジメントについて論じる。
《キーワード》　分業，提携，メイク・オア・バイ，イノベーションの外部化，企業間関係のマネジメント，オープン・イノベーション

1. はじめに

　独自の技術優位性は，製造企業の競争優位の源泉として認識されてきた。ライバル企業が真似できない優れた技術を自前で築ける製造企業は，持続的な競争優位を確保し，市場地位を確立することで，高い業績を生み出すことができる。

　企業間競争の激化，専門分野の高度化，市場の成熟化，市場需要の多様化・複雑化，製品ライフサイクルの短縮化等，市場環境の不確実性が高まると，製造企業には，技術開発コストを抑えながら多様なイノベーションに迅速に取り組む必要性が認識される。ところが，こうした市場

環境の変化に，単一企業で対応することは難しく，なおかつ，必然として組織の巨大化や研究費の増大を招いてしまう経営上の問題が顕在化する。こうした技術開発上の負担やリスクを軽減するために，外部資源の活用が検討されるようになっている。本章では分業，提携，オープン・イノベーションを中心に，イノベーションの外部化と企業間関係のマネジメントについて述べる。

2. メイク・オア・バイの議論

　企業活動は，研究開発，製品設計，工程設計，生産，販売，顧客サポートというプロセスを経て成り立っている。こうした一連の流れをエンジニアリングチェーン，あるいはバリューチェーンという。この各段階において，大学，研究機関，企業といった外部組織の知識・技術や資源を適切に活用し，ウィン・ウィンの協力関係を築くことが，他企業と技術的な分業・提携，さらには強みを持ち寄るオープン・イノベーションである。

　企業が分業・提携やオープン・イノベーションの導入を検討する際，価値創造・獲得の程度，業務への影響，競争優位性，戦略性，知的財産権の有無などを判断基準とする。その際，製品を設計・開発する上で，内製か外製かというメイク・オア・バイ（make or buy）の議論は避けられない。一般的には，内製（make）する場合のコスト面でのデメリットを考慮しても，自社のコア技術戦略に適合するのであれば内製すべきである。一方，自社にとって重要な領域ではなく，コスト面で有利であるなら外製（buy）を選ぶべきである。そうすることで，コスト面からのメリットだけでなく，自社の競争優位性の強化のために，より多くの資源を振り分けることができ，革新的な製品の開発力向上が期待できる。

このように，企業では，経営資源の不足，集中など，さまざまな要因から分業が行われている。分業・提携やアウトソーシングをしていないという会社はむしろ少ない。一方で，抵抗感を持つ企業が存在するのも事実である。確かに，アウトソーシングには業務委託費・外注費など費用が発生する。しかし，上手く活用することで，売上増加・費用削減・経営資源の有効活用など，競争優位につながることも多い。次節以降で，分業やアウトソーシングといった外部企業との関係性について考えてみよう。

3. 分業

分業，あるいは，アウトソーシング（Outsourcing）とは，企業が生産する製品や，それに関連するビジネスを遂行する上で必要となる業務のうち，社内資源の有効活用やコスト上，外部企業に任せるほうが良いと判断した場合に利用される。つまり，自前ではなく外部化を進めることで，何らかの利点が存在し，戦略的な選択を行うことを分業，あるいは，アウトソーシングという。

分業は，部品・業務の委託者（アウトソーサー）と，その受託者（アウトソーシー）から構成される。分かりやすい事例として，自動車産業が挙げられる。一般に自動車の部品数は3万点を超えており，1台の車の完成までには多くの工程が必要である。例えば，鉄鋼，アルミニウムといった金属，プラスチック，ガラス，ゴム，皮革など，さまざまな材料を加工し，プレス，溶接，切削，組み立てなどの工程を経て，1台の車を完成する。車の開発・製造のためには，自動車メーカーを中心にサプライヤーの参加が欠かせない。開発の初期段階からサプライヤーを巻き込み，分業，あるいは，アウトソーシングという関係性を築くことで，設計や生産の効率，スピード，緊密性を高め，高い競争力を確保す

ることができるのである。

（1）垂直統合型と水平統合型分業

　企業間で行われる分業は，垂直統合型，垂直非統合型，水平統合型，水平非統合型という４つに分類できる。垂直統合型分業は製品の製造を，水平統合型分業はビジネス・プロセスの統合を前提としている。それぞれについて，説明しよう：

　①垂直統合型分業（Vertical Integration）

　企業が主要な構成部品，あるいはコア部品を独自で生産する仕組みである。厳密に言えば，分業構造にはなっておらず，限定されたレベルの分業が行われている。例えば，デジタルカメラ産業では，レンズ，CCD（画像処理素子）などのコア部品は独自で開発・生産され，汎用部品などは外部調達されている。

　②垂直非統合型分業（Vertical Disintegration）

　製品を構成する主要部品，コア部品のサプライヤーと製造企業が異なる分業のタイプである。例えば，パソコンのようにモジュール化が高度に進んだ産業では，CPU（Central Processing Unit）はインテルやAMDなど，GPU（Graphics Processing Unit）はNVIDIAのように，コア部品と組み立て企業が一致していない場合を指す。

　③水平統合型分業（Horizontal Integration）

　水平分業とは，研究開発，製品設計，工程設計，生産，販売，顧客サポートなど，それぞれ異なった企業が得意分野で協力し合うビジネスモデルである。水平統合型分業は，ビジネス・プロセスの担い手が一致する分業方式である。

　④水平非統合型分業（Horizontal Disintegration）

　水平分業構造を示し，ビジネス・プロセスの担い手が異なる分業方式

である。

（2）水平分業の進展

　日本企業の多くは，産業を問わず垂直統合型分業を進めてきた。垂直統合型は企画開発，設計，部品の調達，製造，販売にいたるまでのすべてを自社内で遂行することで，多様な要素技術やノウハウを社内に蓄積できるとともに，秘密保持に優れるというメリットがある。一方，水平分業型は，製品のコアとなる部分は独自に行い，それ以外の部分，たとえば生産や開発などを外部委託する分業方法である。

　図10-1に水平分業のビジネスモデルを示している。水平分業とはビジネスのコアとなるプロセスだけを自社で遂行して，他の部分はそれに特化した企業に任せる分業方式と言える。図からも分かるが，製造委託，開発委託，商品委託などの分業方式に分類している。内製とは，コアとなるすべての開発・設計，製造を企業内部で行う垂直統合型であ

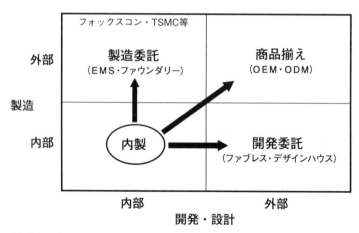

（筆者作成）

図10-1　水平分業の進展

り，そこから水平分業型へのシフトを促すさまざまなビジネスの仕組み
を示している。製造委託とは，生産プロセスを外部組織に任せる形の分
業のことである。例えば，台湾のフォックスコン（Foxconn
Electronics）は EMS（Electronics Manufacturing Service）と呼ばれ，
電子機器の製造や設計などの委託・受託サービスを行う企業であり，
アップルの iPhone を受託生産してきた。また，台湾の TSMC は半導体
の製造請負（ファウンダリー）企業として世界一の企業である。

　開発委託とは，主に製品開発のみを外部の組織に任せる形の分業であ
る。例えばアメリカのクオルコム（Qualcomm）や韓国のサムソン
（Samsung）のような多くの半導体企業は，英国の ARM（アーム）に
半導体の回路設計を委託している。最後に研究・技術開発委託とは，ビ
ジネス・プロセスの中で，特に研究・技術開発分野において分業を行う
ことである。例えば製薬産業においては，研究・開発分野の分業が活発
に行われ，大学や研究機関の協力によって基礎研究・技術開発を行うバ
イオベンチャーに開発委託するのが一般的である。

　世界的に水平分業が進展している。その理由は，多くの製造受託企業
は非常に高い生産効率性を持つため，委託企業はより高付加価値な業務
に特化できるという点にある。

（3）分業の利点と欠点
　分業を行うことは，どのような利点・欠点を抱えているのであろう
か。まず，利点の１つは経営資源の負担とリスクを軽減することができ
る点にある。外部の組織と協力することで，リスクと投入資源の負担を
分散することができる。次に集中化という利点が考えられる。その企業
にとってコアとならない技術や部品の開発や生産を外部に委託すること
で，組織の資源をコア技術に集中し，より大きな付加価値を生み出せる

のである。以上をまとめると，分業の利点は，自社がカバーできない資源や知識を補完することができる点と，専門企業が多くの企業から業務を受託することで規模の経済，範囲の経済を実現できる点にある。

　一方，分業の欠点として考えられるのが，知識の流出（Spillover）である。分業を行うためには，委託企業は自社技術に関する情報を受託企業と共有をせざるを得ない。この際，受託企業が，委託企業の技術を体得することで，将来，競合してしまうというリスクを伴う。さらに，企業自らがコア技術を育てず，外部組織に依存してしまうと，長期的な観点から技術の優位性を築きにくく，徐々に競争力を失っていく可能性もある。契約内容，約束の順守，さらには，機会主義的行動はしないのかなど，外部組織と取引を行う上で監視コストが発生することも欠点となる。

4. 提携

　提携はアライアンス（Alliance）とも呼ばれ，複数の独立した組織が，ビジネス上のメリットを求め，協力し合うことである。近年，技術や製品開発，原材料の仕入れ，生産，流通，販売，顧客管理などさまざまなビジネス・プロセスの中で，競争優位の実現，経営上の目標達成など，戦略的意図で行われる提携を戦略的提携（Strategic Alliance）と呼んでいる。戦略的提携は現在，情報通信産業，自動車産業，製薬産業といった製造業だけではなく，サービス産業におけるエアライン・アライアンスに至るまで，多様な産業で活発に行われている。

　戦略的提携には，資本提携，ジョイント・ベンチャー，業務提携などがある。まず，資本提携（Equity Alliances）とは，企業間でお互いの株式を保有し合い，それぞれの企業の独立性は維持したままビジネスを共同で担うことである。次に，ジョイント・ベンチャー（Joint

Ventures）とは，関連する企業がそれぞれ出資し，独立した企業組織を立ち上げ，共同運営し，発生した収益をシェアする提携である。最後に業務提携（Non-Equity Alliances）とは，さまざまなビジネス・プロセスの段階において，独立した複数の企業が業務上協力し合うことである。

　提携の利点は，資本投資を行わずにパートナー企業が持つ知識やノウハウを学習・利用できる点にある。企業の知識やノウハウは，長期間の業務を通じて徐々に蓄積される暗黙知として存在するため，模倣により獲得できるものではない。そのため，提携を通じてパートナー企業が蓄積してきた知識やノウハウにアクセスできれば，その入手のためのコストや時間を節約できる。例えば，エアライン・アライアンスにおいてはパートナー企業間業務委託，従業員の派遣教育を通じて知識やノウハウをシェアすることも多い。エアライン・アライアンスの中で，サービス品質が高いエアライン会社があれば，パートナー企業は，そのエアライン会社に従業員を派遣し教育を受けることで，サービスを短期間で習得できる。その他にも，提携を通じて，企業同士の共同の戦略的目的を実現しやすくなるという利点もある。例えば，エアライン・アライアンスの場合，それぞれのエアラインがすべての定期航路を設定するよりも，強い路線を持ち寄り，1つのエアラインの航路と同じように利用できれば，顧客にとっても利便性が高まる。

　一方，提携のリスクは，パートナー企業と知識やノウハウのシェアが容易な分，その流出の危険性が高い。競争の変化が速い環境下では，企業独自の技術・知識を外部の組織と共有することは，ビジネスの存続を脅かす原因となるリスクがある。さらに，提携は基本的に独立した企業同士で行われ，時には利害関係が衝突し，その調整に無駄なコストがかかることもある。多くの産業では戦略的提携の存続期間が短くなり，提

携メンバーの入れ替えが頻繁に起こっているのはそのためである。

5. オープン・イノベーション

　オープン・イノベーション（Open Innovation）は，2003 年にアメリカ・カリフォルニア大学バークレー校の経営学者，ヘンリー・チェスブロウ（Henry W. Chesbrough）が提唱した概念であり，いまや世界中の多くの企業が活用している。チェスブロウは，さまざまな企業，例えば，半導体業界の IBM，インテル（Intel），通信業界では，ルーセント・テクノロジー（Lucent Technologies），シスコシステムズ（Cisco Systems），それに PARC（Xerox パロアルト研究所）などの事例を研究し，業界に関係なくイノベーションを成功に導く規則性を見つけた。それは，垂直統合型で研究開発に大きな投資した企業が，必ずしも成功するわけではないという点にある。研究開発を全て独自に行う企業は，製品の市場投入までに時間がかかる。逆に，外部知識・技術を上手く取り込んで活用する企業は，より早い製品開発と高い収益性が得られる可能性が高まる。本章の最後に，このオープン・イノベーションについて学ぶ。

（1）アウトソーシングとインソーシング

　オープン・イノベーションについて理解するためには，アウトソーシングとインソーシングの考え方を理解しておく必要がある。図 10-2 に示すようにインソーシングとは，業務を外部委託せず，自社内で行うことである。言い換えれば業務の内部化，あるいは内製化である。その利点は，業務上のノウハウを蓄積することにあり，特に専門的業務において効果を発揮する。専門的な業務は高度な内容を含み，ノウハウの獲得や，高い専門性を持った人材の育成には時間や費用がかかる。しかし，

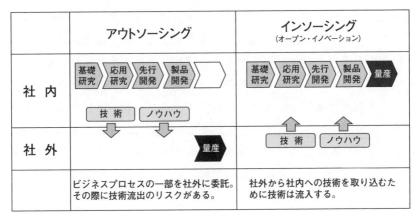

出典：星野（2015），p.58を参考に筆者作成

図10-2　アウトソーシングとインソーシング

高度なノウハウの獲得により，業務の効率化は実現しやすくなる。

　アウトソーシングのほうが対費用効果は高いように思われる場合が多いが，インソーシングによる効率化の向上の可能性も期待できる。その他の利点として，従業者のモチベーションやロイヤリティの向上が見込める点がある。経営上，アウトソーシングを経費削減とみれば合理化につながるが，従業者の立場からアウトソーシングを見ると，業務削減により，労働意欲が低下することがある。特にこうした考え方は日本企業に多い。

　近年，顧客ニーズの多様化，製品ライフサイクルの短縮化，新興国の技術力の向上などにより競争構造が変化し，モノづくりに対する要求レベルが格段に上がっている。このような環境下では，すべての製品開発を自社だけで行うやり方では市場ニーズに適合する製品をタイムリーに開発・発売することができなくなっている。そのため，より速く，的確

に製品開発を行うために，自社技術と他社技術を融合させるオープン・
イノベーションを積極的に進める企業が増えている。**図10-2**に示すよ
うに技術をアウトソーシングすることは自社のビジネス・プロセスを社
外に委託することであり，その際に技術流出のリスクが生じる。オープ
ン・イノベーションというと，技術をアウトソーシングした結果，社内
の研究開発力が低下するイメージがあるが，実は，技術やノウハウを社
外から社内へ取り込むため，技術が流入するインソーシングの利点を享
受することができるようになるのである。

（2）オープン・イノベーションとは

　それでは，オープン・イノベーションとはどのようなものか説明しよ
う。**図10-3**にオープン・イノベーションの概要を示している。この図
は，基礎研究段階にあったテーマが，応用研究，設計，生産，マーケ

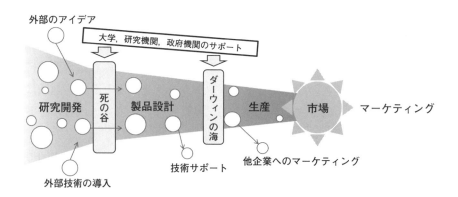

（筆者作成）

図10-3　オープン・イノベーション

ティングというプロセスが進むにつれて，絞り込まれていく様子を示しており，その間，外部からのアイデア，技術，サポートなどを得て，市場化していく様子を示している。

　図中，「死の谷」とは，多くの基礎研究は製品化になかなか達しないことを指す。さらに，「ダーウィンの海」とは製品アイデアが市場化される困難さを表す。大学，研究機関からの，資金，技術，人材などのサポートが「死の谷」「ダーウィンの海」といった障壁を乗り越えるのに必要となる。その他にも，オープン・イノベーションが前提とする外部資源の活用範囲は幅広く，ヒト，モノ，カネ，といった伝統的な経営資源に加え，特許や技術力や組織力，経営情報など多岐にわたる。このように，企業は内部だけではなく，外部のアイデアや技術も活用するべきであるというパラダイムをオープン・イノベーションという。

（3）オープン・イノベーションの分類

　多くの社内テーマは，**図10-3**に示すように，基礎研究から始まる場合を想定している。オープン・イノベーションを行う場合，社外のアイデア，技術，サポートを効果的に活用するため，必ずしも基礎研究から始める必要はない。また，オープン・イノベーションを行うパートナー企業との関係性も，知的所有権の使用の有無など有償の場合と，コンソーシアムなど無償の場合もある。このように，オープン・イノベーションのやり方にルールはなく，多様である。オープン・イノベーションは，**表10-1**に示すように，金銭と知識がどのように関わるかによって4つのタイプに分類できる。

　まず，表中，縦方向を示す知識の流れには，外部技術・資源を社内にとり込むインバウンド型と，蓄積されてきた内部資源を，新たな技術や製品開発につなげるアウトバウンド型に分類できる。表中，横方向に示

表10-1　オープン・イノベーションの種類

知識の流れ		金銭の流れ	
		金銭が発生する手段	金銭を伴わない手段
インバウンド型 外部資源を社内に取り込む方法		・外部の知的財産権の利用 ・外部の研究開発サービスの利用 ・オープン・イノベーションの専門仲介サービスの利用 ・アイデアソン，スタートアップコンテストの利用 ・サプライヤーとの共同開発 ・大学との共同開発	・顧客と消費者との共創 ・クラウドソーシング ・研究開発のコンソーシアム設立 ・非公式のネットワークの活用
アウトバウンド型 既存の内部資源を新たな技術や製品開発につなげる方法		・ジョイントベンチャー ・スピンオフ ・企業内部でのビジネスインキュベーションの実施 ・他社の既存市場に対応した製品の共同開発 ・内部の知的財産権のライセンシング	・標準化団体への参加 ・非営利団体などへの寄付

出典：オープンイノベーション・ベンチャー創造協議会・国立研究開発法人新エネルギー・産業技術総合開発機構編（2020），p.27（Chesbrough,H. & Brunswicker,S.(2013), *Managing open innovation in large firms* より）

す金銭の流れについては，金銭が発生する場合と金銭を伴わないオープン・イノベーションがあることを示している。このように，4つのタイプのオープン・イノベーション，それぞれについて検討しよう。

　表中左上のインバウンド型で金銭が発生するオープン・イノベーションには，社外の知財，外部研究開発サービスなど，自社以外の技術を利用する方法，アイデアソン（Ideathon：新しいアイデアを生み出すイベント），スタートアップ企業のコンテストの開催，大学との共同開発など，多様なやり方がある。表中右上のインバウンド型で金銭を伴わないオープン・イノベーションとしては，クラウドソーシング，研究開発コンソーシアムなど，新製品のアイデアを顧客に募るやり方が実際に行わ

れている。次に，表中左下の，アウトバウンド型で金銭が発生するオープン・イノベーションとしては，ジョイント・ベンチャーやスピンオフ，さらには社内ベンチャーといった出資を伴う方法が実行されている。表中右下の金銭を伴わないオープン・イノベーションとしては，標準化団体への加入や，非営利団体との協業など，環境問題，標準化，規制緩和方策の推進などが実際に行われている。

　上記のように，オープン・イノベーションを実行するにはさまざまな方法がある。自社の保有する知識・資源と，他社や大学・研究機関，地方自治体，ベンチャー企業などが有する技術やアイデアを融合することが，オープン・イノベーションを促進していくのである。

（4）オープン・イノベーションの利点とリスク

　ここで，オープン・イノベーションの利点とリスクについてまとめよう。まずオープン・イノベーションを活用することにより新事業推進のスピードを向上することができるという利点がある。不確実性が高く，市場変化の激しい環境下において，短期間での製品開発，製品・サービスの立ち上げのもたらす優位性は言うまでもない。基礎研究，研究開発，設計，生産，マーケティングまでのバリューチェーン全体を自社内の独自資源で成し遂げるには多くの時間を要する。次に，外部資源を活用し新事業を展開する場合，開発をすべて内製化する場合と比較して大幅な費用削減が実現できる。これまでオープン・イノベーションに取り組んでこなかった企業の場合，中長期的に見てコスト削減につながることは明白である。さらに，社内に蓄積されてきた競争力となる技術や特許・知財などを活用できるという利点も確認できる。

　一方，オープン・イノベーションにもリスクは存在する。まず，オープン・イノベーションに取り組む上で，これまでとは違う考え方やノウ

ハウ，人材や体制などが必要となる点である。オープン・イノベーションに取り組む際，業務フローの構築を新たに行うため，一定の労力やコストがかかる。次に，パートナーとなる企業との連携を推進する際，自社の技術・知財・ノウハウなどを共有する必要が生まれ，その際，社外に流出してしまうリスクは避けられない。最後に，外部との協業関係が深化していくと，自社独自のコア・コンピタンスやコア技術，要素技術などを強化しようとするモチベーションが低下するリスクがある。上記のリスクを理解した上で，オープン・イノベーションの活用を検討する必要がある。

6. まとめ

　本章では，企業同士の分業と提携，オープン・イノベーションといった，イノベーションの外部化の動きを中心に企業間関係のマネジメントについて述べてきた。市場が求める技術水準は高度化・多様化・複雑化しており，自社単独で，それらをまんべんなくカバーできない状況も生じている。しかし，技術の外部化や企業間関係のマネジメントは，極めて繊細な作業であり，高い調整コストをもたらすことで，失敗率も高く，イノベーションを成功させる万能の鍵とは必ずしも言えない。企業同士の信頼関係は長年の間の関係づくりを通じて漸進的に構築されるものなのである。

　また，このような活動に影響するさまざまな変数が存在することを意識する必要がある。時代，地域，産業領域など企業間協力関係の形を決定する数多くの要因が存在し，イノベーションの成功を保証する絶対的な仕組みは存在しない。自ら置かれているビジネス環境や戦略的方向性を勘案し，外部化のタイプを選び，外部組織との協力システムを構築する必要がある。

学習課題

1．分業，提携，オープン・イノベーションはそれぞれどのように区別
　すればよいのでしょうか？
2．企業がイノベーションを行う上で，外部技術の必要性が増した理由
　はどのようなものでしょうか？
3．企業間関係をうまくマネジメントし，イノベーションを成功に導く
　要因は何でしょうか？

参考文献

Chesbrough,H. & Brunswicker,S.（2013），*Managing open innovation in large firms,* Fraunhofer Verlag

オープンイノベーション・ベンチャー創造協議会（JOIC），国立研究開発法人新エネルギー・産業技術総合開発機構（NEDO）編（2020）「オープンイノベーション白書【第三版】」 https://www.nedo.go.jp/content/100918466.pdf

清水洋（2017）「イノベーションと企業間システム」一橋大学イノベーション研究センター編『イノベーションマネジメント入門（第2版）』日本経済新聞出版社

ヘンリー・チェスブロウ著，大前恵一朗訳（2004）『OPEN INNOVATION ―ハーバード流イノベーション戦略のすべて』産業能率大学出版部〔原書：Chesbrough, H. W.（2003）*Open innovation: The new imperative for creating and profiting from technology,* Boston, MA: Harvard Business School Press〕

ヘンリー・チェスブロウ著，栗原潔訳（2007）『オープンビジネスモデル―知財競争時代のイノベーション』翔泳社〔原書：Chesbrough, H. W.（2006）*Open Business Model: How to Thrive in The New Innovative Landscape,* Harvard Business School Press〕

延岡健太郎（2006）『MOT［技術経営］入門』日本経済新聞社

星野達也（2015）『オープン・イノベーションの教科書―社外の技術でビジネスをつくる実践ステップ』ダイヤモンド社

11 │ 製品開発プロセスのマネジメント

徐 康勲

《**目標＆ポイント**》 製品開発はどのようなプロセスを経て行われるのか。製
品開発の各プロセスには具体的にどのような内容があるのか。本章では，代
表的な製品開発プロセスを取り上げながら，各プロセスの具体的な内容，新
しい製品開発の方法，製品開発プロセスにおけるコスト管理について論じる。
《**キーワード**》 製品開発プロセス，コスト管理，フィジビリティ・スタディ，
アジャイル型開発，科学的管理法，制約共存

1. はじめに

　製品開発プロセス（Product Development Process）とは，イノベー
ションのアイデア創出から製品化に至るまでのプロセスを指し，市場で
販売する新製品の製品設計を創造するための企業活動である。製品開発
活動を通じて世の中にイノベーションが生まれ，普及することにより，
経済が活性化し，社会へ便益がもたらされる。このように，製品開発は
企業，産業，ひいては国の経済に重要なインパクトを与える活動なので
ある。特に不確実性の高い競争環境，市場需要の変化に直面する製造企
業にとって，製品開発力は，ビジネスを持続・発展させ，競争優位を生
み出す重要な能力となる。
　製造企業は，製品開発プロセス・マネジメントの重要性をよく認識
し，研究開発費を捻出している。製造企業は，社内に研究開発部門を設
けており，売上の数パーセントから数十パーセントの資金を，研究開発

費に充てている。世界的に，製造企業の研究開発費は増大している。文部科学省，科学技術・学術政策研究所（NISTEP）の調査によると，中国企業の研究開発費は，2018 年には 44.9 兆円となっており，対前年比で 10.0 ％増加している。同じ 2018 年，アメリカ企業は 44.2 兆円，対前年比 4.7 ％，日本企業は 14.2 兆円，対前年比 3.1 ％増である。また，2018 年の研究開発費の対 GDP 比率は，アメリカが 2.06 ％，ドイツが 2.16 ％，日本が 2.60 ％，韓国が 3.64 ％となっている。以上，世界各国の研究開発費は増加傾向にあることがわかる。

　製造企業は，多くの研究開発費を捻出しているが，すべての企業が研究開発活動から大きな収益を上げているわけではない。さらに，製品開発に成功しても，製品ライフサイクルは短くなっており，製造企業にとっての製品開発に対する負担と期待は，今後ますます大きくなっていく。つまり，製造企業には，体系的・効果的・持続的な製品開発プロセスのマネジメント能力が求められているのである。本章では，製品開発プロセスの特徴について考える。

2. テクノロジー・プッシュとデマンド・プル

　製品開発プロセスに関するさまざまな分野，さまざまな観点があり，多くの研究や論者が存在する。さらに，開発する具体的な製品やサービスの内容が企業によって大きく異なるため，製品開発に必要な期間，開発工数，研究開発費，製品開発プロセスの具体的な段階，内容などを単純化・抽象化し，さらには標準化することは簡単ではない。例えば，自動車の新しいモデルの開発には 4 年以上の期間と 1000 人以上の開発人力が投入されるのが一般的だが，食品やアパレル製品では，1 年以上の開発期間と数人の開発工数に過ぎない。特に，アパレル製品の場合，ユニクロや ZARA のようなグローバル SPA（製造小売業態）の登場と

ともにその開発期間は画期的に短縮化されている。

　企業の製品開発活動には，「死の谷」と呼ばれるアイデア段階から研究開発段階へ進むための障壁が存在している。製品開発の不成功要因として，①技術的に上手くいかなかった，②顧客ニーズに合わなかった，という両者が考えられる。前者は，製品コンセプトをいかに具体的な製品にするかという発想を重視し，モノづくりの観点から，技術管理論や組織論などの分野においてそのプロセスが研究されてきた。後者は，市場ニーズに着目し，顧客に価値を与える製品をどのように開発するかという考え方を重視し，マーケティングという観点より研究されている。それぞれを，テクノロジー・プッシュ，デマンド・プルと言い，イノベーションと深くかかわる概念である。それぞれについて説明しよう。

　①テクノロジー・プッシュ・モデル
　テクノロジー・プッシュとは，技術進歩によって新製品が開発され，それによってイノベーションが生じるという見方である。つまり，技術者の基礎研究によって技術が生み出され，それがイノベーションにつながるという考え方である。製品開発は，市場で販売される新商品の製品設計を行う企業活動であり，生産工程の設計および工場生産の準備，さらには，マーケティング活動の計画までも含む。この一連の活動は，リニアモデルと呼ばれており，多くの企業の標準となっている。リニアモデルは，企業内で「研究→開発→生産→マーケティング」という垂直的な製品開発の流れを示している。技術を起点とし進められるプロセスが，革新的な製品やサービスを生む，すなわちイノベーションを生むと考えられ，多くの企業で採用されているプロセスである。ここで基礎研究とは，自然・社会現象に関する科学的知識の獲得そのものを目的する研究のことであり，応用研究とは基礎研究から得られた知識を現実へ応

用するために行われる活動のことである。

②デマンド・プル・モデル

デマンド・プルは，市場ニーズがきっかけとなり，研究開発が行われ，イノベーションが生まれるという考え方である。つまり，イノベーションのきっかけを市場ニーズとするアプローチである。市場ニーズとの合致，顧客価値創造など，市場の重要性を強調することから，デマンド・プル・モデルという。市場ニーズの重視というのは，市場分析を行い，将来的な市場ニーズを予想し，製品ターゲットを明らかにして，製品コンセプトを決めることを意味する。また，試作品や具体的な市場導入の段階において，市場の反応を継続的に意識することから，市場洞察を重視するモデルといえる。

以上，テクノロジー・プッシュとデマンド・プルについて説明した。イノベーションを生み出すきっかけとして，技術，あるいは，市場ニーズは，いずれも重要であり相互に影響を与えるものである。例えば，ドローンはレオナルド・ダ・ビンチも考えていたといわれるが，当時はモーターもバッテリーも存在しなかったため，実現できなかった。しかし，技術革新により，現代では，昆虫のように小さいものから，人間を運ぶ大型のものまで，さまざまなドローンができるようになった。このように，市場ニーズがあっても技術革新がなければ，イノベーションは実現しない。しかし，企業は利益を生まない製品開発をイノベーションとして認めることはできない。つまり，市場ニーズのない製品開発は行われることはないが，開発した新技術が将来，何らかの市場ニーズに結びつくと考えて研究や開発が行われると考えるべきである。このように実際のイノベーションは，テクノロジー・プッシュとデマンド・プル，いずれかだけで実現することはないが，現代は，市場ニーズの先取りが

重要と考える企業が多いと考えられている。

3. 製品開発プロセス

　前節では，製品開発に関わる観点として，テクノロジー・プッシュとデマンド・プルの考え方について見てきた。本節では，現代の製品開発がどのように行われているのかを説明したい。まず，製品開発のプロセスについて説明したうえで，近年，着目されているアジャイル型製品開発について，その狙い，利点などを説明する。

（1）製品開発プロセスの概要

　マーケティング面から見た，標準的な製品開発プロセスを**表11-1**に示している。この表に基づいて，製品開発プロセスを見てみよう。

表11-1　マーケティング分野における標準的な製品開発プロセス

段　階	内　容
第1段階 　製品コンセプトの開発	・セグメンテーションとターゲッティング ・アイデアの開発とスクリーニング ・製品コンセプトの開発とスクリーニング
第2段階 　事業性の評価・検討	・暫定的事業計画の策定と事業性分析
第3段階 　製品開発	・機能設計 ・詳細設計 ・試作・実験と設計変更 ・工程設計と生産準備
第4段階 　市場導入	・マーケティング・ミックスの選択 ・テストマーケティング ・市場導入とその後の対応

出典：近能・高井（2010），p.229を参照して筆者作成

①第1段階：製品コンセプトの開発

第1段階では，主に製品コンセプトの開発が行われる。まず市場をセグメント（Segment）に分類する。この作業をセグメンテーション（Segmentation）と呼ぶが，その分類の基準は，性別，年齢，学歴など人口統計的な属性，社会的地位や収入など社会統計的な属性など多岐にわたる。次に，ターゲッティング（Targeting）は，どのようなセグメントを狙い製品を開発するかを決める意思決定の過程である。セグメンテーションとターゲッティングは，一連のプロセスというより，同時進行で行われる。さらに，競合他社との差別化を図るポジショニング（Positioning）が行われることもある。その後，デザインレビューと呼ばれる企画会議を通じて，製品アイデアを集約し，具体的な製品コンセプトが決まる。

②第2段階：事業性の評価・検討

第2段階では，製品コンセプトが事業の採算面から妥当かどうかについて，フィジビリティ・スタディ（Feasibility Study）といわれる事業性の評価が行われる。この評価次第では，いかに斬新な製品コンセプトであっても，事業性が見込まれない場合，次の開発段階に進むことができない。この段階で採算性が確認できなかった場合，もう一度，製品コンセプトを練り直すか，当製品の開発自体の中止が決まる。

③第3段階：製品開発

事業性の問題をクリアできたら，機能設計，詳細設計，試作・実験と設計変更，工程設計と生産準備などの具体的な生産の準備を行う。

④第4段階：市場導入

最後に，市場導入段階では，企業が有する経営資源を検討し，流通網の選択や価格設定，プロモーション戦略の策定などマーケティング・ミックスの選択が行われる。その後，市場の反応をチェックするテス

ト・マーケティングを行い，顧客サポートなど細かい改善を行う。

　以上，標準的な製品開発プロセスについて，各段階で行われる内容を説明した。

（2）アジャイル型開発プロセス

　テクノロジー・プッシュ，デマンド・プル，いずれの考え方においても，技術，市場ニーズをもとに製品コンセプトを立ち上げるが，市場導入まで長い期間がかかってしまってはコンセプト自体が陳腐化してしまうかもしれない。標準的に行われている製品開発プロセスでは，プロジェクト開始時に設定された目標値を目指して製品開発が進むため，製品開発の途中に方針が変わるような場合，目標値の設定を見直し，再スタートとなることがある。そこで，IT 関係の製品，ソフトウェアなど，ニーズの変化が速い市場に対して行われているのがアジャイル型開発である。その概要を**図 11-1** に示している。

　アジャイル（Agile）の意味は素早い，俊敏などであり，アジャイル型開発とは，例えばソフトウェア開発の際，顧客からの注文，市場ニーズの変化に対応しながら開発を進める手法である。アジャイル型開発の利点は，要件を素早く設定し，設計，実装を素早く繰り返し，顧客とのやり取りを密に行うことで，設計変更をフレキシブルに進めることができる点にある。

　アジャイル型開発は，通常，少人数のチームを組織化し，要件定義，設計，開発，テスト，リリースという開発プロセスを，早いサイクルで完結させアウトプットまで導く。**図 11-1** に示すように早いサイクルを繰り返すたびに要件設定を見直すことができる。つまり，仕様変更やニーズ変化にも対応しやすい開発方法である。結果として，最新のビジ

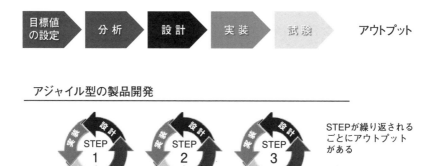

（筆者作成）

図11-1　アジャイル型開発

　ネスニーズに即した機能を柔軟に開発できるようになる。その他にも，アジャイル型開発では，少人数のチームで開発を進めるため，チーム内の意思疎通が図られやすいという利点もある。

　一方，アジャイル型開発にも欠点が存在する。**図11-1**の上段に示すようなバリューチェンに沿った開発では，製品開発ごとにデザインレビューと呼ばれる進捗状況の管理が行われ，大きなプロジェクトであっても，進捗状況や問題点をメンバー全体で共有できるという利点がある。一方，アジャイル型開発では，プロジェクトを開始する際，要件設定が安易に進められ，設計仕様の設定が甘くなり，開発の方向性がぶれてしまう可能性もある。また，要件設定の際，顧客要求や市場ニーズを受け入れすぎて，設計が煩雑になり過ぎ，計画に反映することができず，プロジェクト管理が難しくなる可能性が考えられる。

　以上，製品開発は標準的には，製品コンセプトの開発，事業性の評

価・検討，製品開発，市場導入という順序で行われるが，アジャイル型
開発とはこのサイクルを素早く繰り返すことで，より市場ニーズ，顧客
要求にマッチした製品開発を行える製品開発プロセスなのである。

4.　製品開発プロセスとコスト管理

　製品を開発し市場に導入する一連の流れの中で，コスト管理も製品開
発を成功に導く中核的な課題の１つである。いかにコスト管理ができる
かによって，開発コストや生産原価を下げ，利益を最大化し，価格競争
力の獲得につながる。本節では，製品開発プロセスにおける，「原価管
理」，「活動基準原価計算」，「スループット会計」，「原価企画」というコ
スト管理について述べる。

（1）原価管理

　原価管理（Cost Management）は，製品を製造する際に生じる原価
を算出し，目標値との差異を分析し，コスト改善を行うことである。そ
の際，製造にかかる原価を固定費と変動費に分類することで損益分岐点
を算出し，予算策定を行う。この活動は，製品開発プロセスのなかで，
開発組織の中のどの部署が是正行為を取るかを決めるというフィード
バック機能も果たしている。

　一方，広義の意味での原価管理は，製品開発プロセスの諸段階におけ
る原価企画や，さまざまな改善活動，標準原価自体の修正まで含む原価
改善活動，狭義の原価管理の概念まで含む，よりダイナミックで総合的
な活動である。原価管理は，その考え方の根底にテイラーの科学的経営
管理法を前提としており，製品開発を行う製造企業にとっては欠かせな
いルールとして受け入れられてきた。ここで，科学的管理法とは
1900年代にフレデリック・テイラー（Frederick W. Taylor, 1856年〜

1915年）が提唱した，労働者を管理・分析して生産性を向上させる基本的な考え方である。

（2）活動基準原価計算

　活動基準原価計算（ABC: Activity-Based Costing）は，製品やサービスを提供するための間接コストを活動単位に分割し，個々の活動ごとの基準を用いてコストを算出し，原価計算を行うことである。より分かりやすく説明すると，間接費を適切に管理するための計算方法である。間接費は，従来，労務費や作業時間にもとづいて製品に割り当ててきた。少品種の製品を大量生産する際は直接費の割合が高く，間接費の割り当ては容易であった。しかし，多品種少量生産では，製品ごとにコストの発生状況が異なり，間接費を割り当てることが困難となった。原価計算の精度をより高めるために必要となったのが活動基準原価計算である。また，従来の標準原価計算が，原材料や人件費などの直接費用の管理に注目し，間接費用については詳細に考慮していなかった点に比べ，活動基準原価計算は，多品種少量化がもたらす間接コストの上昇や，登場当時にみられた自動化工程の普及という事情を反映しており，間接費の配賦基準の精度の向上に寄与した。

（3）スループット会計

　スループット（Throughput）とは，製品の販売によって得られる収益のことであり，売上高から直接材料費（資材費＋外注費）を引いて計算する。在庫を減らし，経営効率と利益を上げることがスループット会計の目的となる。従来の原価管理では，作ったモノが売れ続けることを前提とし，在庫は資産として扱われた。そのため，売れない在庫も資産として計上されたため，計算上は利益として処理された。スループット

会計では，製品が売れた時点で利益として計上する。

　また，従来の原価計算では，直接材料費以外のすべての製造原価が「業務費用」として計算され，製品別の配賦は行わない。したがって，すべての製品に間接費が配賦されるため，生産量を増やせば，間接費の割合が下がることで，利益が増えたように見える問題があった。一方，スループット会計では，間接費の配賦という考え方をしない。そのため，間接費配賦を通じた製品別利益の把握をせず，原価計算をよりシンプルに行う。そのため，スループットを増やすためには売上数量を増やす必要がある。

（4）原価企画

　原価企画とは，製品開発プロセスの初期段階に原価管理を行う手法である。製品生産が行われる場合，製造工程においてコストが発生する。生産工程で生じるコストは，開発初期段階の活動，例えば，設計や試作品製作などで発生する。コストを正確に管理するためには製品開発プロセスの初期段階で，しっかりとした管理が必要なのである。

　原価管理はトヨタが1960年代に初めて実施した手法であるが，その後，多くの企業が導入している。原価企画は，日本で開発した原価管理方法であり，標準原価という考え方をしない手法である。現代では，製品の開発サイクルが短く多品種化している。そのために，原価を製造段階で算出するよりも，設計段階であらかじめ原価を設定し，それに従って開発プロセスを進めることが原価企画の要点である。また，市場ニーズが多様化し，少量多品種生産が当たり前となっていることも原価企画の必要性を高めている。

5. まとめ

　本章では，プロセスとそのコスト管理という側面から製品開発をみてきた。ここに，制約共存という考え方がある。制約共存とは，ヒト・モノ・カネといった組織内の資源の制約と使える時間が限られるという時間的制約があるからこそ，製品開発におけるさまざまなアイデアやコンセプトは競い合い，イノベーションにつながるという考え方である。製品開発を考えてみると，開発のやり方，予算，管理方法などのルールを無視した状態でやみくもに開発を進めても，画期的な製品が生まれる可能性は低い。例えば，いくらお金を使ってもいい，何人，人をかけても良いと言われても，画期的なアイデアやコンセプトは簡単には生み出せない。逆に，少人数の開発チームによって画期的な新製品が生まれることも多くある。

　こうした制約共存を製品開発に生かしている企業は多い。例えば，3M という企業では，就業時間の 15 ％は自由に使ってもよいというルールを設け，そこから「ポストイット」という画期的な製品が生まれた。また，小林製薬という企業では，製品開発，マーケティング，生産を担当する 3 名でチームを組み，1ヵ月で最低 5 件のアイデアを提案する開発を進めるやり方を徹底しており，「熱さまシート」など，多くのイノベーションを起こしてきた。つまり，製品開発にかかるコストやプロセス上の制約は，企業にとってイノベーションにつながる重要な役割を果たしているのである。

　製品開発は，現代の製造企業にとってイノベーションの普及，事業の持続可能性，競争優位の確保の源泉として中核的役割を果たしている。しかし，その重要性にも関わらず全体的な製品開発の成功率は決して高くない。製品開発そのものに失敗する場合も，市場から良い評価を得る

ことに失敗する場合もある。そのため製造企業は，効果的・体系的・持続的な製品開発プロセスの仕組みや，コスト管理方法をマネジメントする能力を備える必要がある。

学習課題

1．なぜ製品開発プロセスをマネジメントする必要があるのでしょうか？
2．テクノロジー・プッシュとデマンド・プルの利点と欠点を考えてください。
3．アジャイル型開発を行う日本企業は少ないと言われています。その理由を考えてください。

参考文献

楠木建（2001）「価値分化と制約共存—コンセプト創造の組織論—」一橋大学イノ
　　ベーション研究センター編『知識とイノベーション』東洋経済新報社

近能善範・高井文子（2010）『コア・テキスト　イノベーション・マネジメント』新
　　世社

延岡健太郎（2002）『製品開発の知識』日本経済新聞社（日経文庫）

藤本隆宏・キム B. クラーク著，田村明比古訳（2009）『製品開発力—自動車産業の
　　「組織能力」と「競争力」の研究〈増補版〉』ダイヤモンド社〔原書：Clark, K .B.,
　　and T. Fujimoto (1991) *Product Development Performance: Strategy,*
　　Organization, and Management in the World Auto Industry, Boston MA: HBS
　　Press〕

フレデリック W. テイラー著，有賀裕子訳（2009）『［新訳］科学的管理法—マネジ
　　メントの原点』ダイヤモンド社〔原書：Taylor, F. W. (1911) *The principles of*
　　scientific management, New York, London, Harper & Brothers〕

文部科学省 科学技術・学術政策研究所（2020）「科学技術指標 2020」https://www.
　　nistep.go.jp/sti_indicator/2020/RM295_14.html

12 | サービス・イノベーション

伊藤 宗彦

《目標&ポイント》 2004 年，アメリカ議会の「イノベート・アメリカ：通称，パルミサーノ・レポート」という報告書の中で，IBMが中心となって産業イノベーション研究の促進が提唱された。これが，サービス・サイエンスという新たな概念の誕生である。日本においても，企業のサービス化が新経済成長戦略の柱となってきている。本章では，ビジネス・プロセスそのものを刷新するサービス・イノベーションとはどのようなものかを示す。
《キーワード》 サービス・イノベーション，ビジネス・プロセス，サービス・サイエンス，スマート・サービス

1. はじめに

　本書は主に，製造業という括りの中でとらえることができるイノベーションに焦点を当ててきた。これは，モノの価値，具体的には機能や性能の向上という観点からみると理解しやすいイノベーションである。しかしながら，近年，モノだけではなく，新しいサービスそのものがイノベーションとなることが多くなってきた。実際，わが国においても，第2次産業が生み出す総生産（GDP）の割合はこの 30 年間，下がり続け，2020 年には，全体の 25 ％程度になっている。言い方を変えれば，日本全体の GDP の約 75 ％がサービスによって生み出されるようになった。一般的に，サービスを提供する企業は，それを在庫することはできない。また，サービスを受けた人の評価はすぐに決まってしまうという性質を持つ。そのため，サービスに関するイノベーションは，人的資源に

よって生み出されると考えるが，本章では，こうした人的サービスだけ
ではなく，製造業がモノとサービスによって，顧客満足をいかに高めて
いるのかといった観点よりサービスを考えてみたい。

2. 製造業とサービス業

製造業とサービス業とはどのように区別されるのであろうか。図
12-1 は，日本の産業構造の変化を，GDP に占める割合の変化で示した
ものである。現在，サービス業に従事するのは全労働者人口の約 75 ％
を占めている。製造業とサービス業の国の総生産に占める割合の変化を
表したペティ・クラークの法則がある。たとえば，アメリカの事例を見
ると，経済が成熟するにつれ，製造業からサービス業へと従事者が増加
し，その生産量は増加する。サービスによって生み出される価値の比率

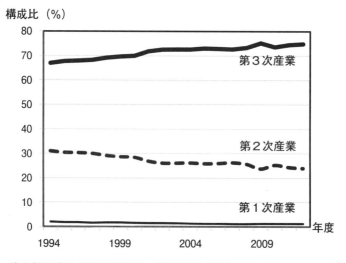

出典：独立行政法人労働政策研究・研修機構「早わかり グラフでみる長期労働統
計」を参照して筆者作成

図12-1　日本の産業構造の変化

はさらに高まると予想されるのである。つまり，サービス業は，今後，日本の産業の生産性を高めるために，非常に重要な役目を果たすことは間違いない。

　ここで，ペティ・クラークの法則を掘り下げてみよう。一般的に，産業構造について，第1次産業，第2次産業，第3次産業といった分類を聞くことも多いであろう。こうした分類は，イギリスの経済学者コーリン・クラーク（Colin G. Clark, 1905年～1989年）がその著書，『経済進歩の諸条件（The Conditions of Economic Progress)』（1940年刊）で定義した分類である。その定義によれば，第1次産業には人間が自然から必要な物質を手に入れることのできる農業・林業・水産業・畜産業などが，第2次産業には原料に手を加え加工する業種である製造業・建設業が，そして第3次産業にはどちらにも入らない，それ以外の全ての産業が分類される。運送・電気・通信・ガス・水道・流通・小売・金融・公務などの第3次産業の多くはサービス業と呼ばれる。こうした各産業がどのように構成されているかは，その国の人口，所得水準，資本量，技術水準などさまざまな要因によって決まるが，どのような比率で存在しているかを産業構造と呼ぶことがある。一般的に，ある国の経済発展は，GNP（Gross National Product：国民総生産），GDP（Gross Domestic Product：国内総生産）といった国の生産性の高さで表すことができるが，産業構造の変化によっても表すことができる。その一例として，「ペティ・クラークの法則」がある。この法則は，17世紀のイギリスの経済学者のウィリアム・ペティの記述をもとに，コーリン・クラークが，経済の成長と発展につれて，就業人口が第1次産業→第2次産業→第3次産業と増加していくことを示したため，ペティ・クラークの法則と呼ばれるようになった。

　この法則を裏付けるデータとして，アメリカの産業構造がある。

1960 年に約 60 ％だった第 3 次産業は 2000 年には 80 ％にまで増加した。日本はアメリカより約 20 年遅れて同様の変化をしており，2020 年には約 75 ％がサービス業に従事している。また，東南アジア諸国などが第 2 次産業（モノづくり）を担い，日本では，第 3 次産業（サービス業）が発展する，こうした分業の中でイノベーションが起こると予想できる。

3. サービス・ドミナント・ロジック

製造業の GDP に占める割合は低下傾向にあり，今後はサービス業の比率が高まる傾向であることを述べた。そのように考えると，製造業も生産によりモノの価値を高める努力だけではなく，さらに，その製品にサービスを付加することにより，トータル価値を高めることができるのであれば，さらに利益を高めることができるかもしれない。モノを売ることによる利益だけではなく，モノの売上を伸ばすために付随するサービス，あるいは，モノを販売した後に行うサービスにより，製造業において新たなイノベーションが生まれる機会が増える。

たとえば，飛行機を作っている企業を考えてみよう。飛行機には高い安全性が要求されるので航空会社はできるだけ新しい飛行機を揃えておきたいが，同時に，飛行機本体の価格が高いため，できるだけ長期間，その飛行機を使用しなければ元がとれないというジレンマがある。そのために，定期的にメンテナンスを行い，常に不具合を早期に発見し，消耗しやすい部品は交換しておきながら長期間，飛行機を使用している。飛行機の耐用年数を 20 年とすると，その間，良い状態を保つためのメンテナンス費用を総合計すれば，飛行機本体よりも高くつくようになる。つまり，飛行機を製造している企業からすれば，飛行機本体の価格と，その後のメンテナンスの費用を合算した金額でビジネスを成立させるチャンスがある。そのため，飛行機の設計段階で，メンテナンスがし

やすい設計にしたり，製造段階で，交換頻度の高い部品の在庫を増やしたり，世界中の飛行場にメンテナンスを行う設備を配置するなどの準備をしておくことにより，他社よりも良いサービスが可能になり，飛行機本体を販売するよりも大きな利益を得ることができるかもしれない。

　このような事例は，飛行機だけではなく，自動販売機，工場で用いる多くの製造装置，大型のITシステムなど多くの分野で見られる。製造業は生産（モノづくり），非製造業はサービスの提供，というようにモノとサービスを，それぞれの企業の利益の源泉として区別する考え方が一般的であろう。しかし，飛行機のビジネスの事例のように，製造業といえども新たなサービス・イノベーションにより顧客価値を向上させることができる。つまり，モノとサービスを組み合わせることにより新たなイノベーションの発生機会が増えることになる。

　生産財ビジネスの場合も同様である。材料や部品を購入する顧客は，試作や提案などはモノを買うことに含まれるのだから無料と考えることが多い。しかし，いろいろな産業を調べてみると，必ずしも，そうではない場合が存在する。たとえば，無人パーキングの機械を作っている企業が，駐車場サービスを自ら行うようになったとしたら，この会社の収益はどこから生まれるのであろうか。自動車が決められた駐車スペースに入ったことを探知するセンサー，駐車確認後，車が動けないようにするために昇降する車止め装置，顧客が駐車料金を支払う料金装置や，こうした一連の動きをシステムで制御するためのソフトウェアなどが，企業が開発する製品を構成するモノである。

　製造業は，開発したモノを売ることによって利益を上げていると理解するのは容易だ。言い換えると，多くの製造業は，モノが売れたときだけが収益を得る機会であるため，モノに関するイノベーションを起こすことに注力してしまう。しかし，販売した機械の定期的なメンテナンス

を行うビジネスモデルなど，新たなビジネスモデルを展開し，サービスによるイノベーションを起こしている企業も数多くある。さらに，無人パーキングの機械を製造している企業が，駅前などパーキングの需要のある場所を自ら探し，パーキング・サービスを行うことにより儲けることができるかもしれない。このように考えると，企業がイノベーションを考える際，モノかサービスかといった二分法で区別する合理性は乏しい。

　製造業がモノを売るためにサービスを行うというモノ中心の考え方は，グッズ・ドミナント・ロジック（Goods Dominant Logic）と呼ばれる。一方で，製造業がサービス・イノベーションを進めることにより，新たな価値やビジネスの機会を創造する考え方をサービス・ドミナント・ロジック（Service Dominant Logic）という。ここで重要なのは，良いモノは必ず売れるといったグッズ・ドミナント・ロジックの考え方だけでは，なかなか新たな技術開発に伴うイノベーションが生まれにくい時代になっていることを自覚する必要性である。さらに，どちらの考え方が正しいとか，より儲かるのかといった比較を行うことではなく，モノもサービスも一緒に考え，それぞれを組み合わせることにより新たなイノベーションを起こそうと考えることが最も合理的であることを理解する必要がある。

　話をパーキングのケースに戻してみよう。今まで，パーキング用の機械だけを扱っていた企業がパーキング業を自ら行うことになった場合，今までのモノづくりの考え方となにが異なるのだろうか。たとえば，定期的に機械のメンテナンスをすることにより，どのような部品が壊れやすいのか，あるいは，どのような頻度でメンテナンスが必要なのかといった，パーキング業を経験しなければ分からない情報を獲得できる。一方で，ある駅前では朝はビジネスのために短時間の駐車が多いが，昼

間は商店街での買い物のために少し長い時間の駐車が多い，さらに，夕方は空き時間が多いなどといった，顧客情報も獲得できる。こうした情報から，たとえば，メンテナンスをできるだけ駐車場が空いている時間帯で済ませることができるように機械を設計し，時間帯によって駐車料金が変更できるような設計にするなど，モノの特性をサービスと組み合わせることにより，さまざまなイノベーションが生まれるのである。つまり，顧客情報を得ることにより新たな価値を生む機会を増やすことが，モノとサービスによるイノベーションの重要な点なのである。

4．サービスによるイノベーション

　現在でも，製造業の多くはモノづくり中心の考え方をしている。その根底にあるのは，良いモノは必ず売れるというプロダクト・アウトの発想である。モノを中心に考える場合，企業の関心は，その製品の仕様・機能といった技術的なイノベーションに置かれる。このような企業では，自社の持つ技術力を高めることに資源を集中しようとする。逆に，製品の色やデザイン，サイズ，性能・機能にいたるまで流通企業や顧客からの意見を取り入れ，売れ筋を探索しようというマーケット・インの発想を取り入れる企業もある。こうしたマーケット・インの発想では，顧客の要望を最大限，達成するため，他社の技術や部品を採用したり，生産や設計・デザインのアウトソーシングを積極的に取り入れたりすることも多い。

　このように，自社の技術を基点にするか，あるいは，顧客ニーズからかといった違いはあるが，いずれの場合も，モノの良し悪しによりプロダクト・イノベーションの成否が決まるような仕組みであり，グッズ・ドミナント・ロジックに基づく考え方である。このような考え方は，マーケティングの 4P（Product：製品，Price：価格，Promotion：プロ

モーション, Place：流通) を, どのように設定するのかという発想に基づいて意思決定しようというものである。

　プロダクト・アウトやマーケット・インという製品の仕様・性能を基点にするモノ中心の考え方ではなく, その製品が使用される場面を想定し, 顧客がその製晶を使用した時の価値を最大化しようと考えることにより, どのようなサービスを行えばイノベーションが起こるのかを考えるのがサービス・ドミナント・ロジックである。**表12-1** は, モノ中心の考え方 (グッズ・ドミナント・ロジック) とサービス中心の考え方 (サービス・ドミナント・ロジック) の違いを比較したものである。

　住宅用の警備保障サービスの担い手であるセコム株式会社 (以下, セコム) の事例から**表12-1** を見てみよう。セコムは, 家に泥棒など不審者が侵入するのを未然に防ぎ, 万が一の際には警備員が駆けつけてくれるサービスを提供している。一方で, センサーを作っている企業は, セ

表12-1　モノ中心とサービス中心のイノベーションの考え方

	モノ中心の考え方	サービス中心の考え方
イノベーションの担い手	企業 (モノづくりを担う企業)	企業と顧客が共創する
取引のやり方	取引的 (売買関係)	持続的 (購買後も関係を継続)
価値創造の源泉	製品・技術	製品・技術と知識・情報
企業と顧客の関係性	モノを中心に顧客への一方向	企業と顧客の双方向
価値の意味	交換価値	使用価値

出典：Vargo, S. L. and Lusch, R. F. (2004) を参考に筆者作成

コムのような安全警備保障会社にだけではなく，さまざまな販売チャンネルを通じて，いろいろなルートで販売しているため，顧客自らセンサーを購入し，設置することもできる。いずれの場合も，センサーが売れた段階で，センサー企業には売上とともに利益が発生する。顧客はセンサー企業の製品・技術に対価を支払うことにより，製品による不審者の察知という価値を得たことになる。しかし，普通は，こうした不審者がどのように侵入するのか，あるいは，不審者を察知したあとどのようにすればよいのか，その対処の仕方がわからない。そこでセコムは，不審者を察知するセンサーを，たとえば，洋風の家，和風の家，引き戸の玄関，ドアの玄関など，さまざまな用途に合わせて，それぞれが正確に作動するよう，センサーの選択や設置までも提案する「機械警備」という新たなサービス・イノベーションを起こした。

　顧客から見ると，センサーを店で購入し設置すれば，不審者の侵入の際にセンサーが作動するようになるという結果は同じかもしれないが，その効果は，セコムのような経験豊富なプロが行う設置や製品に組み込まれた技術，また有事の対応などに歴然とした差が生じる。セコムを通じてセンサーを設置した顧客とセコムの間には，契約期間が続く限り継続的な関係が構築され，その家に合ったセンサーが最も効果的に設置されることになるのである。つまり顧客は，セコムの提案を受け，不審者を察知し，有事に対処するという最適なサービスを享受することができるようになる。

　このように，結果的には同じセンサーの設置であっても，モノ中心の場合とサービス中心の場合では顧客が受けることのできる価値は大きく異なるのである。言い方を換えると，モノを販売して儲けるのではなく，顧客との関係性を構築し，積極的に新しい製品やサービスを紹介し，その顧客を囲い込むことにより，継続的に収益を上げるような仕組

みが構築されているのである。このように，プロダクト・アウトやマーケット・インといった発想で製品を売ることにより儲けるのではなく，顧客との関係性の構築を主体に考えるのがサービス・イノベーションである。モノとサービスによる価値創造は，こうしたサービス・イノベーションという発想が前提となる。

　企業の多くは，良いものは必ず売れるという信念で製品開発を行っている。確かに，消費者は，製品の購入の際，事前に性能や使い勝手，信頼性，品質などの情報を入手し，良いものを少しでも安く購入しようとする。そのため企業は，技術に磨きをかけ，生産技術を駆使して，新たなプロダクト・イノベーションやプロセス・イノベーションを起こそうと考える。こうした自社の技術を中心にしたやり方はプロダクト・アウトとよばれる。さらに，購買意欲を高めるように，色やサイズ，機能の異なった品揃えをして，時には自社の持たない技術のアウトソーシングをしてでも顧客ニーズに合致した製品を提供しようとするのがマーケット・インという考え方である。いずれも，良いものは必ず売れるというマス・マーケティングの思想が貫かれている。その背景には，市場シェアをいかに上げるかという競合企業との相対的な競争が存在する。

　このように競合企業との製品開発競争を主体に考えるのではなく，顧客満足度の向上を最重要課題として捉え，その企業，製品のファンとなるようにサービスを考え，それにより顧客ロイヤルティを生み出すことで，顧客のリピート率を向上させることが重要という考え方を持つ企業も増えてきた。これがサービス・イノベーションの考え方である。特に，成熟産業では，宣伝費によって新規顧客を獲得するのは多大なコストがかかるため，既存顧客を大切にし，サービスを徹底し，長期的な関係を維持していくほうがコスト的に有利となる場合が多い。サービス・イノベーションは，売り切りではなく顧客1人ひとりの情報を把握する

ことを前提にしている。既存顧客の中でロイヤルティが高い優良な顧客に対して，リピート率や再購買時の支払い金額をいかに増やしてもらえるかが重要となる。そのために，製品の良し悪しだけではなく，むしろ，サービスによる満足度が上がるような方策が必要になる場合が多い。

5. モノとサービスによるイノベーション

モノづくりに力を入れてきた企業がサービスも同時に提供するという考え方を持つようになる事例が増えていることは前節で述べた。たとえば，アメリカの IBM は，以前はパソコンや大型コンピュータといった製品が売上を占めていたが，今では，むしろ，納入したシステムのメンテナンスや，システムの使い方についてコンサルティング業務を提供するなど，サービスによって稼ぐようになってきている。

このように製造企業がサービスによるイノベーションに着目するようになった要因は何であろうか。まず，考えられるのが製品のコモディティ化である。コモディティ化というのは，製品の価格が時間とともに著しく下落する現象であり，たとえば，発売後，10年間，全く新たなプロダクト・イノベーションが起こらなかった DVD プレイヤーは，価格が 10 分の 1 以下になった。新たな価値を生むようなプロダクト・イノベーションが起こらない限り，コモディティ化は顕著になる。しかしながら，製品が成熟化し，時間が経った製品ではイノベーションにも限界がある。このような場合，企業がコモディティ化への対処を考える上で，サービスによるイノベーションを考えるのは，ある意味，必然である。こうした成熟化した産業でのサービスによるイノベーションの試みを表したのが新イノベーション・ダイナミクスモデルである（**図 12-2** 参照）。

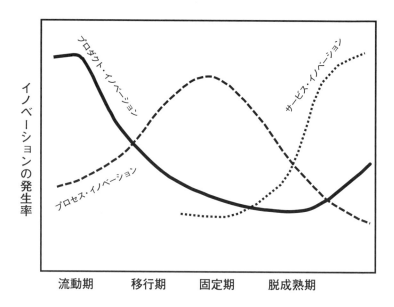

出典：チェスブロウ著，博報堂大学ヒューマンセンタード・オープンイノベー
　　　ションラボ監修・監訳（2012）を参考に筆者作成

図12-2　新イノベーション・ダイナミクスモデル

　プロダクト・イノベーション，プロセス・イノベーションについては
第5章において，AU理論としてすでに述べた。AU理論とは，時間の
経過とともに，プロダクト・イノベーションの発生率は下がり，代わり
にプロセス・イノベーションの発生確率が上がることを指す。プロセ
ス・イノベーションも，時間の経過とともに，発生率は低下するという
モデルである。製品が市場に出されてから，時間の経過とともにイノ
ベーションの質が変化することを示しているが，固定期を超え，製品が
成熟してくると，プロダクト・イノベーション，プロセス・イノベー
ションともに発生確率が低くなる。これが，コモディティ化という現象
であり，製品の価格は著しく低下し，企業は収益を上げにくい状態に

なる。

　このように，製品のイノベーションが起こりにくくなりコモディティ化する中で，企業は製品に関するサービスにも積極的に取り組むことにより脱コモディティ化を進める必要がある。これが，「モノづくり」から「コトづくり」へ，というコンセプトである。製品がコモディティ化する中で，その製品を使うことによって生まれる価値をどのように顧客に提供できるのかという観点から，サービス志向を取り入れていく必要がある。**図 12-2** に示すように，固定期を迎え，コモディティ化が起こるような，成熟した製品に対し，サービスによる新たなイノベーションを起こすことが，製造業によるサービス・イノベーションの役割なのである。このように，サービスを扱うビジネスモデルを考えた場合，製品開発とは大きく異なり，いかに顧客満足度を向上させ，顧客価値を上げるかが成否の基準となる。

　モノとサービスによる価値の最大化は具体的にはどのように行われているのであろうか。モノ，もしくは，サービスだけを売るときには，マーケティングの 4P をどのように設計・管理するかがマネジメントの中心的課題と考えられてきた。確かに，4P の要素は重要であるからそのマネジメントの根底には，他社との競争の概念がある。つまりマーケティングの 4P が競合企業よりも優れていれば，たくさんの顧客を取り込むことができるというモノ中心の考え方である。それでは，モノとサービスによる価値の最大化を考えるサービス・イノベーションの意図するところはどのようなものであろうか。他社とのモノの優劣による競争によって顧客を取り込むというよりは，むしろ，モノとサービスを合わせて提供することにより顧客価値を最大化しようという意図がその根底にある。

　たとえば，先ほどのセキュリティ・サービスの事例で言えば，セン

サーを製造して販売する企業は，マーケティングの4Pを設計した上で店頭に製品を並べる。しかし，どのような顧客が製品を購入し，どのように設置して使用したかについてははっきりとは分からない。一方，セコムは，警備保障サービスを受けたいという顧客がどのような家に住み，どのような職業でどのような車に乗り，どのような生活をしているかについても分かった上でセンサーの設置まで提案する。つまり，顧客の顔を見てからモノとサービスの提供を考えているのである。これが機械警備という考え方である。また，顧客に対しては，常に新しい製品やサービスの情報を流し，より満足のいく結果が得られるように努力し，長期的な関係を築くことが最大の関心事となる。つまり，製品を売り切るのではなく，顧客へのサービス・イノベーションが最重要の課題となる。

　プロダクト・イノベーションは，製品価値に対して顧客が対価を支払うという交換価値を生むが，一方，サービス・イノベーションでは，企業は販売・顧客部門だけではなく，製品の開発・生産部門が顧客と一体になって，使用価値や経験価値を提供する必要がある。たとえば，どのように設置できるのか，顧客のメンテナンスの頻度はどの程度必要か，またその費用はどれくらいかなどといった情報を，開発・生産部門，販売・顧客部門，そして消費者がそれぞれの情報を提供し，共有化する必要がある。このようにサービス・イノベーションは，企業と顧客の共創関係によって最大化されるのである。

6. おわりに

　本章では，サービス・イノベーションという概念について説明した。具体的には，モノやサービス，そのものによってどのように価値を創造するのかといった観点だけではなく，モノとサービスを上手く結びつけ

たイノベーションの必要性を述べた。サービスそのものを考えるのではなく，むしろ，顧客が解決したい問題に対して，企業はいかにモノとサービスを組み合わせたイノベーションを志向するべきかという見方で読み進めてもらえればよい。また，ぜひ，事例を通じて読み取ってもらいたいのは，モノとサービスによるイノベーションはどこから生まれているのかという点である。従来のマーケティングでは4Pに基づいてマーケティングの意思決定が行われることが強調されるが，サービス・イノベーションでは，顧客との関係性の中で，いかにイノベーションによる価値が生まれているのかに着目すれば，サービス・イノベーションの新たな視点が見えてくるはずである。

学習課題

1．モノを製造している企業によるサービス・イノベーションの事例を調べてみましょう。その場合，モノだけを売る場合と比較して，顧客にとってどのような価値が生まれているのかを考えてみましょう。
2．顧客にサービスを提供する場合，なぜ，サービス・イノベーションが必要なのかを考えてみましょう。
3．企業からみて，顧客1人ひとりに個別のサービスを提供することは，不可能なように思えます。サービス・イノベーションにおいてはどのように対処しているのかを考えてみましょう。

参考文献

Clark, C.（1940）*The Conditions of Economic Progress*, London, Macmillan and Co.〔邦訳：コーリン・クラーク著，大川一司他訳（1953，1955）『経済進歩の諸条件〈上〉〈下〉』勁草書房〕

Vargo, S. L. and Lusch, R. F.（2004）"Evolving to a new dominant logic for marketing," *Journal of Marketing* 68（January）, pp.1–17.

ヘンリー・チェスブロウ著，博報堂大学 ヒューマンセンタード・オープンイノベーションラボ監修・監訳（2012）『オープン・サービス・イノベーション―生活者視点から，成長と競争力のあるビジネスを創造する』CCC メディアハウス〔原書：Chesbrough, H.(2011) *Open Services Innovation: Rethinking Your Business to Grow and Compete in a New Era*, San Francisco, CA. : Jossey - Bass〕

独立行政法人 労働政策研究・研修機構「早わかり　グラフでみる長期労働統計 図4　産業別就業者数」https://www.jil.go.jp/kokunai/statistics/timeseries/html/g0204.html

13 | 計算機と社会イノベーション

伊藤 宗彦

《目標＆ポイント》 太古の昔より，人類と計算は切っても切れない関係にあった。人類は天体を観測し，計算し暦を作った。建築の世界でも，測量や構造計算は欠かせない。そして1888年頃，アメリカのハーマン・ホレリスが，パンチカードとリレーを組み合わせた統計計算機，タビュレータを発明する。ホレリスが興した会社は，後に世界を代表する企業となったIBMである。計算機の重要性は，パンチカードシステムからコンピュータへというハードウェアの変遷によっても変わることはない。計算機の発展は社会と密着し，新たなイノベーションを生み出すエンジンとして機能してきた。本章では，計算機の普及に大きく貢献したIBMの歴史と，社会におけるコンピュータの役割の重要さを考える。
《キーワード》 経営機械化，パンチカード，IBM，経営学

1. はじめに

　本章では，コンピュータが，社会のイノベーションに与えた影響について，その発展の歴史から考えてみたい。現代は，第4次産業革命の時代と言われている。この後の第14，15章で，クラウド，ビッグデータ，AI，量子コンピュータなど，デジタル時代のイノベーションについて詳しく考察していくが，本章では，計算機の歴史を紐解き，コンピュータと社会イノベーションについて考えてみたい。計算機の歴史は長く，古くは，そろばんや計算尺なども広義の計算機であり，当時はイノベーションであった。本章では，機械式計算機，具体的にはパンチカード式

計算機あたりから，計算機がどのように社会イノベーションに関わってきたかについて俯瞰していきたい。

　まず，**表13-1**を参照したい。1950年あたりから始まった電子計算機に関わる主な出来事が書かれている。着目するべきであるのは，現在，使われているフォンノイマン型といわれる近代的な電子計算機が実用化されてから，まだ75年ほどしか経っていない点である。1946年，アメリカ・ペンシルバニア大学を中心にENIAC（Electronic Numerical Integrator And Calculator）という世界最初の電子計算機が開発された。当時は，第2次世界大戦の最中で，ENIACの開発目的は，

表13-1　計算機の歴史

年度	計算機に関わるイノベーション
1945	コロンビア大学でコンピュータ学科
1946	ENIACの誕生（リレー，真空管）
1948	トランジスタの発明
1950	高級言語の誕生（ソフトウェア）
1959	ICの発明
1964	大型コンピュータ　SYSTEM/360
1970	CPUの概念
1972	Ethernet規格誕生
1972	バーコードによるPOSシステム
1974	ネットワーク概念の誕生
1975	Altair8800 発売
1978	Apple II 発売
1982	大型汎用コンピュータ IBM3083
1982	セブンイレブンによるPOSシステム誕生
1985	ハードディスク・ドライブの実用化
1988	ウォルマートによるPOSシステム誕生
1998	ASP（SAAS）概念誕生（ソフトウェアのサービス化）
2002	サービス・サイエンス概念
2007	Facebookの公開
2008	Android端末の発売開始
2009	クラウド・コンピューティング・サービス開始

（筆者作成）

大砲の弾道計算をすること，つまり，科学計算であった。一方，電子計
算機の功績は計算能力だけではなく分散処理ができることにあった。こ
うした技術的な背景から計算機は，新たなコンセプトである ERP
（Enterprise Resources Planning）の目的にも使用されることになった。
ERP とは，会計業務，人事管理や生産管理，営業・販売管理や物流・
倉庫管理といった関連する業務全体を統合的に連携するシステムのこと
を言う。つまり経営システムが形成されたのである。さらに，ERP と
ほぼ同時期の 1960 年代から 1970 年代にかけて，建築用途など，電子計
算機による構造計算も大いに発展した。このように，電子計算機の発展
には，経営情報と科学計算という 2 つの潮流があり，それぞれが社会イ
ノベーションと強く結びついていることが分かる。以下，このような歴
史をもとに，計算機と社会イノベーションについて，考えてみたい。

2.　コンピュータの歴史

　太古の昔より，人類と計算は切っても切れない関係があった。穀物を
確実に収穫するには，いつ種をまくのか知る必要があり，そのために人
類は天体を観測・計算し，暦を作った。天体の動きを予測するために
は，観測により情報を収集・整理し，その運行を計算により記述する必
要がある。情報処理の誕生である。建築の世界でも，測量や構造計算は
欠かせない。測量や構造計算の必要性は計算原理の確立と精密化を促
し，情報処理技術の基礎となっていった。アメリカ・シリコンバレーの
中心地，マウンテンビュー市にコンピュータ歴史博物館がある（**写真
13-1 参照**）。ここには人類が携わったあらゆる計算機が集められてい
る。この博物館の最初のコーナーに展示されているのはそろばんで
ある。
　そろばんの起源は古く，紀元前にメソポタミアで発明され，その後，

（筆者撮影）

写真13-1　コンピュータ歴史博物館

シルクロードを伝って中国や日本にも伝搬したと伝えられる。商取引の発展とともに発明されたそろばんは，デジタル計算機の先駆けと見なすことができる。そろばんの発明後，16世紀末に，スコットランドのジョン・ネイピア（John Napier，1550年〜1617年）が対数の概念を発見し，およそ20年をかけて対数表を作成した。対数の発見はその後，計算尺を生み出し，対数表を照合することで，べき乗や平方根なども求められる計算器として発展した。計算尺は優れた発明品であるが，数値の読み取りに誤差を生じる。このような欠点を克服するため，機械式計算機が発明された。初期の機械式計算機として有名なものに，パスカル（Blaise Pascal，1623年〜1662年）が発明した「パスカリーヌ1」がある。この計算機は足し算と引き算しか行うことができなかったが，1000万桁という大きな数字を扱うことができた。その後，二進法の提唱者としても知られるゴットフリート・ライプニッツ（Gottfried Leibniz，1646年〜1716年）が段付き歯車を発明した。これを利用した計算機は，改良を加えつつも，電卓が登場するまで使われ続けることになる。

　機械式計算機の集大成と言えるのが，イギリスの数学者，チャール
ズ・バベッジ（Charles Babbage，1791 年～1871 年）が発案した階差，
解析エンジンと呼ばれるバベッジ・エンジンである。バベッジ・エンジ
ンは有限差分法という数学的な理論を用いるほか，条件分岐が可能なこ
とやデータとプログラムが分かれている点など，現代的なコンピュータ
にも大きな影響を与えた。コンピュータとは何かを定義するのは難し
く，さまざまな解釈が存在するが，バベッジ・エンジンは最初期の機械
式コンピュータとも考えることができる（**写真 13-2** 参照）。バベッ
ジ・エンジンは機械式計算機の集大成であるが，時代は，より高速に動
作する「電気」を用いた計算機へとシフトしていく。バベッジ・エンジ
ンまでの計算機は，歯車を用いた機械式で，二進法に応用するには不向
きであった。その一方で 1835 年，アメリカの物理学者，ジョセフ・ヘ
ンリー（Joseph Henry，1797 年～1878 年）がリレーを発明した。

（筆者撮影）

写真 13-2　バベッジ・エンジン

（筆者撮影）
写真13-3　タビュレータ（ホレリスマシン）

　この発明は通信機を生み出すことになるが，現代でいうメモリとして
扱うことで，計算機にも応用することが可能であった。そして1888年
頃，アメリカのハーマン・ホレリス（Herman Hollerith, 1860年〜
1929年）が，パンチカードとリレーを巧みに組み合わせた統計計算機，
タビュレータ（Tabulator）を発明する（**写真13-3**参照）。この機械は
1890年に行われたアメリカの国勢調査で大活躍し，一気に普及するこ
とになった。ホレリスのパンチカードシステムは，カードの上から針を
下し，穴が空いている場合はカードの下に満たされた水銀により通電す
ることで，どこに穴が空けられているかを電気的に検知する仕組みに
なっていた。

　1904年，イギリスのジョン・フレミング（John Fleming, 1849年〜
1945年）が真空管を発明した。これが現代的なコンピュータの基盤と
なった。コンピュータとは何かを定義するのは容易ではないが，ごく一
般的に，電気回路を用いた汎用計算機と定義される。この定義に近い計
算機として，リレーを用いたものがすでに存在していたが，機械式であ

るため動作速度が遅いという欠点があった。真空管は電気回路であるため，高速に動作するという長所がある。例えば，黎明期のコンピュータとして有名なエニアック（ENIAC）は，同じ規模の機械式計算機に比べると，千倍程度早く計算することが可能だったとされている。

　1950年には世界初の商用コンピュータが登場し，その後も，真空管から半導体に置き換わることによる小型化や，磁気ディスクによる大量のデータ保存など工学的な発展が積み重なり，コンピュータは急速な進化を果たした。その象徴とも言えるのが，1976年に稼働したスーパーコンピュータ，クレイ・ワン（Cray-1）であろう。1秒間に1億6000万回もの実数計算を行う能力を有し，数学，物理学などの分野に大きなインパクトを与えた。真空管から半導体へ，そして大規模集積回路へと，ハードウェアの発展により，コンピュータはより小さく，より早く動作するようになった。これにより，IBMやアップルから個人で使うパソコンが販売され，誰もがコンピュータを利用する時代が拓かれることになった。

3. IBMのパンチカードシステム

　1890年当時のアメリカでは，人口や国民所得など，国の動向を計るため大量のデータを迅速に処理する必要性が高まっていた。高まる需要に応えるため，ホレリスは会社を興し，カードに穴をあける穿孔機の改良や，情報内容に応じて回路の組み替えが行えるよう，タビュレータの改善に勤しんだ。ホレリスが興した会社は，後に世界を代表する企業，インターナショナル・ビジネス・マシーンズ社，IBMである。IBM製のパンチカードシステムは大成功を収め，これに倣う企業も登場し，その用途も統計処理から仕入管理，販売管理へと広まっていった。例えば，売上情報をパンチカードで管理すれば，製造ロスを極力抑えた生産

計画を練ることができる。現在でいえばPOSシステムに相当するものが、パンチカードシステムにより実現していた。オフィス・オートメーションの始まりである。日本IBM幕張事業所の1Fロビーに昭和16年、日本に初めて導入された計算機が展示されている（**写真13-4**参照）。このスリーエム型の統計機というのは、パンチカードシステムの最後期に当たるもので、最初は穿孔機というものでカードに穴をあけるが、その後その穴を空けたカードをソーティングし、分類し、必要なデータを取り出して、最終的にはデータが表になって出てくる、そういう機械であった。1941年にこの機械が日本にやってきたときは戦争の足音もまだ遠い時期であった。

　その後、戦時下になって、IBMの全ての機械がいわゆる敵国資産ということで凍結されていく。特に一番問題だったのは、産業合理化のために極めて重要な、こういう事務機械を海外から輸入していたが、そういう機械が全く入ってこなくなったことである。戦争の末期になると、

（筆者撮影）

写真13-4　IBM社製スリーエム型統計機

輸入できなければ国産化しようということで鐘淵紡績，神戸製鋼，東芝などの企業が国から委託を受け，機械を国産化していくことになった。基本的には IBM の機械を，そっくりそのままコピーしたものであった。しかしそれは戦時中に特別な事情の中でコピーしたもので，戦後はまた IBM からの輸入が復活した。

4.　パンチカードシステムの国産化

　日本の紡績会社は古くからパンチカードを活用してきた。鐘淵紡績でも，大正時代から自動織機に織り柄を指定する用途でパンチカードを使用しており，穿孔機に近い機構は昭和 40 年代まで活躍していた。昭和 16 年の末，太平洋戦争が勃発し，IBM 製品輸入の途は途絶えた。当時，IBM 製品を最も待望していたのは，皮肉なことに軍部そのものであった。特に，多数の部品を扱う航空機製造工場の効率性向上にはパンチカードシステムに勝るものがなかった。そこで軍部はパンチカードシステムの国産化に乗り出した。技術協力を行ったのは東芝，神戸製鋼，そして鐘淵紡績という，当時の日本を代表する企業であった。しかし，いかに当時の日本をリードする企業といえども，パンチカードシステムの設計をゼロから行っていたのでは間に合わない。そこで鐘淵紡績は IBM 製品を模倣する形で製造を開始する。当時の国産パンチカードシステム関連機器の外観が，IBM 製品に近いのは，このためなのである。

　昭和 20 年，敗戦を迎え，復興の槌音を促すには，企業経営にも革新が必要であった。戦争という混乱期にもまれつつも，経営機械化という概念の定着に大きな役割を果たしたパンチカードシステム。その後 IBM は，より高速な処理が行えるコンピュータへと軸足を移すが，パンチカードシステムは 1970 年代まで広く使われ，オフィス・オートメーションの推進に大きく貢献することになった。

5. IBMの台頭

　IBM といえばコンピュータというイメージが強いが，その創立期にはミートスライサーを製造していたという歴史がある。IBM の歴史を振り返れば，IBM が興してきたイノベーションは，ハードウェアからソフトウェア，そしてサービスへとシフトしていることが分かる（図13-1参照）。実際，IBM の売上構成は，2000 年以降ソフトウェアやサービスが大半を占め，ハードウェアは1パーセントに満たない。サービスの内容も，ハードウェアのメンテナンスなどに留まらず，ビジネス・プロセスの外注やソリューションといったサービスへとシフトして

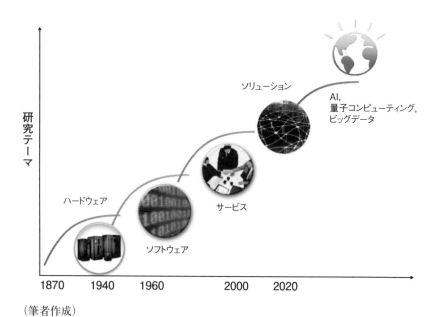

（筆者作成）

図13-1　コンピュータ産業のパラダイムの変遷

いる。

　こういった変遷は今でこそ世界中の IT 企業で見受けられるが，IBM がその先駆けであった。製造業のサービス化といっても，具体的な姿は分かりづらい。IBM はサービス化を進めた企業としてよく知られている。特に IBM はサービスによる顧客価値創造を目指し，実際にハードウェアであるコンピュータの販売から，サービスによる売上比率が大きくなっている。IBM はどのようにサービスをビジネスとして捉えたのであろうか。本節では，IBM によるサービス，特に，データを媒体としたさまざまな高付加価値サービスをどのように実施したのかについてその歴史を振り返ってみよう。

　IBM は 1911 年にアメリカで創業された，年間売上が 1000 億ドルを超える巨大企業である。1920 年ごろには，肉のスライサー，時計，キーパンチなど，機械製品を作っていた。1945 年，コロンビア大学と初めてコンピュータに関する共同研究を行った。この時に設立したのが，ワトソン・サイエンティフィック・コンピューティング研究所（Watson Scientific Computing Laboratory）であり，白いシャツに黒いタイをした IBM の所員が大学で学生を指導した。その際，講義科目として選ばれたのはデジタル理論であり，その後，10〜20 年後に，大学では，修士課程の学生にコンピュータ・サイエンスを教えるようになった。昔は，コンピュータ（Computer）というのは，一日中座って計算をする人（通常，女性）を指す言葉であった。IBM がシリコンバレーに進出したのは，パンチカードシステムの生産拠点を築いた 1940 年代であった。

　1945 年，その年はコンピュータにとって，信頼性という言葉について初めて意識させられた年であった。当時，計算機には多くの真空管やリレーが使用されていたが，壊れるたびに修理が必要であり，修理が終

わるまで肝心の計算ができなかった。また，蛾や虫によって回路が
ショートすることも頻発していた。1947～1948年にかけて，トランジ
スタが発明された。しかし，実際には，1つのトランジスタは，オン・
オフ，1つのスイッチングしかできないため，実用レベルには達してい
なかった。1950年には，コンピュータを学ぶ学生への教育プログラム
を開発し，ハード・ディスク・ドライブの概念を考え出した。情報技術
産業の始まりであった。IBMの製品は，その後も徐々に大型化，複雑
化していった。1959年，1つの基盤上に複数のトランジスタを乗せる，
ICというイノベーションが起こり，1970年代のマイクロプロセッサの
誕生につながった。こうして電子計算機としての骨格が出来上がった。
1980年代半ばに製造拠点を整理し，リレーショナル・データベースの
研究拠点として，シリコンバレーの南東の丘陵地帯にアルマデン研究所
が設立された。

　その後，コンピュータ・ビジネスは複雑化し，ハードウェア，ソフト
ウェア，周辺機器など全てを，1つの会社で完結することはできなく
なった。こうしたビジネス環境の下では，技術を正しく使うようにアド
バイスするサービスが必要となる。そのために，2000年ごろには，売
上の約半分はサービス・ビジネス，たとえば，技術のアウトソース化，
顧客への技術サポート，コールセンタービジネスなどからのものとな
り，イノベーションの主体は，サービス化へと変わっていた。さらに
は，顧客がよりイノベーティブなビジネスを構築できるよう技術指導を
行う，コンサルティング・ビジネスの比率が高まった。

　以上，IBMが110年あまりの間に行ってきた歴史を述べた。その間，
IBMは，初期のシンプルな機械式のコンピュータからより複雑な近代
のコンピュータ，さらには，こうしたコンピュータを使用するに際して
必要なソリューション・ビジネスに至るまで世界をリードしてきた。顧

客にコンピュータを売り顧客がそれを自ら運用する，これはサービスではなく単なる物販である。顧客がIBMに望むのは，コンピュータの使い方に顧客より精通しているので，サービスとして運用まで行ってもらうことである。つまり，IBMは，コンピュータ本体を納入するだけではなく，顧客のもとでオペレーションまで行っている。こうしたやり方をIBMはアウトソーシング・サービス，あるいはITアウトソーシングと呼ぶ。IBMによるサービスのイノベーションである。

　日本国内においても，IBM東京基礎研究所（IBM Tokyo Reserch Laboratory）において，サービスの研究が進められている。世界に10カ所設けられたIBMの研究ネットワークの一翼である。IBMの研究・開発のマネジメントは，最先端のコンピュータ科学で何ができるのかをテーマとした社内コンペを毎年，開催し，その成果を社会にどう還元するかを公表し研究テーマとしている非常にユニークなものである。例えば，大量のデータを高速処理することで実現できることの1つにAI（人工知能）が挙げられる。介護コンピュータの場合，患者の顔色を読み取り，その日の体調に合わせた料理を提供することも可能である。その日の気温や湿度と言った，目的とは関連しないようなものも含め，データは多いほど，その精度は向上する。マーケティングの分野ではすでに，AIを用いたビッグデータの活用が始まっている。たとえば，購買行動から，顧客の嗜好に沿った関連商品を提示するレコメンデーションを挙げることができる。このように，IBMは100年以上にわたり，計算機に関わるイノベーションに関わり続けてきたのである。

6. まとめ

　計算科学。それは常に時代の先端で，まだ見ぬ明日を予測し，安定した社会，言い換えれば，よりよい明日の姿を描き続けてきた。では，コ

ンピュータが高度に発展した現代では，計算科学はどのような領域を切り拓こうとしているのだろうか。神戸市ポートアイランドには，世界最速を誇ったスーパーコンピュータ「京」，およびその後継機種の「富岳」のユニットが設置され，最新の計算科学の研究と教育が進められている。計算科学とは，情報をコンピュータで扱うための研究分野を指すが，その応用範囲は自然科学から社会科学まで極めて幅広い。

　今後，社会で必要なコンピュータの働きに，ビッグデータの解析がある。ビッグデータの活用で実現すると期待されている分野は，新薬の開発から災害被害の軽減まで，実に幅広い。今まで世の中になかったもの，実現できなかったことが提供される日もそう遠くはないだろう。経営機械化とは，経営工学，経営情報学の先駆けであり，当時最先端の情報処理システムであったパンチカードシステムを用いた科学的経営手法としてのイノベーションであった。その概念は，パンチカードシステムからコンピュータへというハードウェアの変遷によっても変わることはなく，むしろ，コンピュータの進化とともにより重要性を増している。

　紐解けば古代のそろばんの発明から計算機の発展は社会と密着し，新たなイノベーションを生み出すエンジンとして機能してきた。特に，パンチカードシステムの誕生は，情報処理の科学的な発展を生み出し，膨大なデータから意味ある情報を拾い上げるという，今で言うデータマイニングに通じる計算機の新しい活用法を開拓したと見なせる。スーパーコンピュータの仕組みはパソコンと同じだが，大規模なこともあり利用技術が肝要となる。また，特殊な技術を持つ人材の育成が必要である。あらゆる情報がネットワーク上を行き来し，時間や距離の概念すら変容しつつある現代社会に，どのようなイノベーションを起こすのか。明日の社会を科学で描くという計算機の役割，そして経営機械化という概念の重要性は今，新たな地平を拓こうとしている。

学習課題

1．コンピュータと社会はどのように関わっていく必要があるのでしょうか？
2．コンピュータが社会に受け入れられるために，イノベーションの方向性は，ハードウェアからどのようにソフトウェアに移っていたのでしょうか？
3．皆さんが考えるコンピュータに関わるイノベーションをいくつか列挙してみてください。

参考文献

ハーマン H. ゴールドスタイン著，末包良太・米口肇・犬伏茂之訳（2016）『計算機の歴史―パスカルからノイマンまで〈復刊〉』共立出版〔原書：Goldstine, Herman H. (2008) *The Computer from Pascal to von Neumann*, Princeton, NJ, Princeton University Press〕

スコット・マッカートニー著，日暮雅通訳（2001）『エニアック―世界最初のコンピュータ開発秘話』パーソナルメディア〔原書：MacCartney, S. (1999) *ENIAC: The Triumphs and Tragedies of the World's First Computer*, New York, Walker and Company〕

アリス・R・バークス ＆ アーサー・W・バークス著，大座畑重光監訳，マッカーズ共訳（1998）『誰がコンピュータを発明したか』工業調査会〔原書：Burks, Alice R. and Burks, Arthur W. (1989) *The First Electronic Computer: The Atanasoff Story*, The University of Michigan Press〕

14 | デジタル・イノベーション

伊藤 宗彦

《目標＆ポイント》 イノベーションという概念について，歴史的背景，社会での事例などについて触れてきた。その中でも，コンピュータに関するイノベーションは，ハードウェアから，ソフトウェアへ，そして，様々なサービスへと変化してきた。将来にわたって，コンピュータに関わるイノベーションはどのようなものになるのであろうか。本章と次章では，その中でも，重要な概念である，デジタル化とデジタル・トランスフォーメーションについて考える。

《キーワード》 デジタル化，ビッグデータ，AI，クラウド，デジタル・トランスフォーメーション，プラットフォーム

1. 情報量の増大化

　現代は，「ビッグデータ時代」と呼ばれている。その大きな要因として，近年，急速に発展してきた AI，クラウド，量子コンピューティングなどのイノベーションが大きく寄与していることに疑いの余地はない。特に，ビジネスの領域において，それらを駆使したデジタル化が求められている。それでは，ビッグデータとはいったい，どのようなデータを指すのであろうか。図14-1 は，社会で生み出される情報量の増大の様子を要約したものである。情報量を正確に計測することは不可能であり，概算レベルの数値ではあるが，着目すべきはその桁数である。図からも容易に読み取れるように，世界で発生するデジタルデータの量は飛躍的に増大しており，2011 年の約 1.8 ゼタバイト（1.8 兆ギガバイト）

から2020年には約40ゼタバイトに達したと考えられている。ネットワーク及びデバイスの性能向上や普及に加えて，ソーシャルメディアの普及やクラウドの普及といったサービス面における進化も，大量のデジタルデータの生成・流通・蓄積を後押ししている状況にある。

　長年にわたりパーソナル・コンピュータを作り，顧客に提供してきたIBMは，顧客のビジネスをよりイノベーティブにするために，ハードウェアからサービスへと事業主体を変えていった。IBMの事例からも分かる通り，ビジネスはハードウェアからソフトウェア，サービス化へと明らかに変化している。コンピュータによるイノベーションは，ハードウェアからソフトウェア，サービス化，そして近年では，AIによる予想，量子コンピュータによる最適化の時代に入ろうとしている。

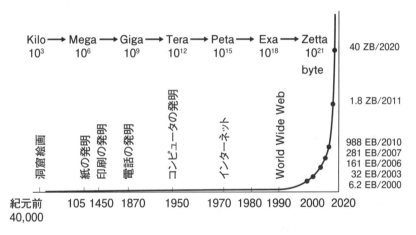

出典：Horison Informatiomn Strategies, cited from Storage New Game New Rules,,IDC p.34（www.horizon.com）より筆者作成

図14-1　情報量の増大―ビッグデータ

2. デジタル・トランスフォーメーション

　デジタル・トランスフォーメーション（以下：DX 改革）は，2004 年にスウェーデン・ウメオ大学の教授（当時），エリック・ストルターマン（Erik Stolterman）によって提唱された概念である。当初の DX 改革は，社会という大きな視点より情報技術をとらえ，デジタル技術により人々の生活をより良くしていくことを目指した概念であった。多くの国家が，DX 改革を強く推進する背景には，承認システム（日本では印鑑制度など）の老朽化・複雑化，改革に対する経営陣の非積極性，組織構造の硬直化など，その国の有する古い慣行，すなわちレガシーシステムがある。つまり，こうしたレガシーシステムの払拭という目的で DX 改革をとらえている。一方，企業が取り組む DX 改革は，デジタルテクノロジーの進展により劇的に変化する産業構造と，新しい競争原理をビジネス上の機会または事業継続上の脅威と捉え，対応する必要性を中心に据えている。学術的な研究成果をみると，AI や IoT といったデジタル化の研究がデータサイエンスの領域で進められており，製造現場の実践的な複雑さにも対応できるレベルに達している。

　ここで重要であるのは，デジタル化（Digitization, Digitalization）の議論は，組織・サプライチェーンレベルであるのに対して，DX 改革は，産業組織や社会全体のイノベーションを目指すものであり，より高い視点からの議論が必要である点である。日本の経営システムは，デジタル化した環境下ではなぜ強みを発揮できないのか，デジタル化した社会基盤上でも日本企業の経営力を発揮できるシステムとはどのようなものか，そこで個々の中小製造業がサバイバルのために能動的にどのような戦略をとっていくべきか，こうした疑問に答えるべく，イノベーションを起こすのが DX 改革の目的である。それでは，デジタル化と DX 改

革とは何が違うのであろうか。

　図14-2は，デジタル化の進展を表した図である。この図には，デジタルにまつわる概念がいくつか示されている。まず，デジタル化（Digitization）である。これは，アナログからデジタルへの変換を意味する。たとえば，レコードがCDに，カメラのデータ保存はフィルムからICカードに進化したように，多くのイノベーションが起こった。さらにデジタライゼーション（Digitalization）という概念がある。これは，デジタル化によりビジネスモデルや顧客価値が劇的に向上することを指す用語である。例えば，アマゾンや楽天といったプラットフォームの構築などをイメージすれば分かりやすいであろう。

　それでは，DX改革とは何を指すのであろうか。すでに前節で述べたとおり，デジタル技術により人々の生活をより良くしていくことを目指した概念である。つまり，デジタル化はアナログからの変換を意味し，

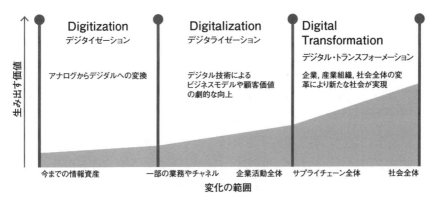

出典：Verhoef, P. C. et al（2021），p.890を参考に筆者作成

図14-2　デジタル化とDX改革

デジタライゼーションは企業全体に及ぶ劇的な変化を指す。デジタル・トランスフォーメーションは，産業間や社会全体の変化を意味する。したがって，SDGs といった環境問題や社会全体の生産性にも関係する極めて重要な概念となっている。

3．予想と最適化

　今後，企業や産業において，大きなイノベーションが起こると思われるが，これがデジタル・トランスフォーメーションである。その中でも，予測と最適化という 2 つが，イノベーションの方向性を示している。その中心となるのが，AI（Artificial Intelligence；人工知能）と量子コンピュータであろう。それぞれについて，どのようなものかをまず整理していこう。

（1）AI（人工知能）
　機械学習やディープラーニングといったテクノロジーが AI の中枢技術で，未来予測や分類などのタスクを遂行するアルゴリズムやモデルを自動的に構築する。ディープラーニングは 2006 年，トロント大学のジェフリー・ヒントン（Geoffrey Hinton）教授が開発したオートエンコーダによって生まれたイノベーションである。オートエンコーダとは，入力されたデータを一度圧縮し，重要な特徴を持つデータを抽出し，もとの次元に復元処理する機能を有する。ディープラーニングは深層学習と呼ばれ，このオートエンコーダの仕組みを幾重にも重ねた構造を持っている。このディープラーニングは，2013 年に行われた「第 2 回将棋電王戦」で，AI が初めてプロの棋士に勝ったことで一般的に知られるようになった。こうしてディープラーニングは，オートエンコーダを多層的に活用することで，将棋や囲碁で用いられるような，人間の

認知機能を高精度で再現することを実証した。こうした AI の技術は様々なビジネス分野において，すでに実用化され始めている。ここでは，実際に実用化されている AI によるイノベーションの実例を見ていこう。

① AI 監査

会計監査において，AI の導入が検討されている。従来，会計監査では無作為抽出，いわゆるサンプリングや統計的抽出などで監査を行ってきた。この際に重要な記載誤り，いわゆる虚偽表示の見逃しをなくすために注目されたのが AI である。会計上の見積もりに当たって，見積もりの要素と金額の相関関係を分析し，どの見積もりの要素が見積もり金額に重要な影響を及ぼすのか。逆に普通はこの重要な影響を及ぼさないと考えられている見積もりの要素が見積もり金額と強く関係をしているということであれば，それは異常ではないのか，というような観点から見積もりの金額の妥当性を判断する。こういったところに AI が活用され，深度ある監査手続きの実施に生かされている。

AI を活用した機械学習は，2 つの側面を有する。「教師あり学習」と「教師なし学習」である。教師あり学習というのは，例えば不正を示唆する特性のあるデータとはどのようなものか，それを事前に人間が考えて AI に学習させる方式である。一般的に，この教師あり学習に基づく AI を開発して不正の可能性が高いデータを抽出するという方向で AI が活用されている。一方，逆に，過去の不正な会計処理に関連するデータを AI に読み込ませ，そこから不正についてどういう情報要素が相関関係にあるのかを分析させて，その相関関係から不正な会計処理が生じる場合の兆候とか要因とか，そういった法則性を読み取るような教師なし学習という方式の AI の開発も考えられている。

今後は，教師なし学習を活用して過去のデータを AI により読み取ることで今まで気づかなかった相関関係を見出し，それを監査人だけではなく企業と共有して新たなビジネスに活用していく取り組みが行われていくと考えられている。このような新たな取り組み自体が AI を活用した会計監査というイノベーションとなっている。

②予約駐車場サービス

　AI を用いたビジネスは，予約駐車場サービスにも実用化されている。駐車が必要な人に空きスペースを紹介する新たな駐車場サービスを提供するのが，大阪に本社を置く akippa 株式会社である。2014 年，駐車場予約アプリ「あきっぱ！」のサービスを開始した。契約されていない月極駐車場や個人宅の車庫，空地，商業施設などの空きスペースにネット予約して駐車ができる。誰でも簡単に駐車場をシェアできるシステムで，トヨタ自動車をはじめとする大手企業とも提携している。ユーザーは akippa に駐車場をオンライン決済で予約し，オーナーは駐車場が利用された料金に応じた報酬を受け取る。空いているスペースを有効活用したこれまでにない新しいシェアリングサービスで，ユーザーにとってもオーナーにとってもメリットがある関係を，akippa がプラットフォームとなり，構築している。コンサートやイベント，スポーツの試合などの開催の有無で一気に需要が変動する駐車場ビジネスに対し，AI を使って需要の予測や駐車料金の最適化を行っている。

　駐車場業界は，元来，アナログな業界であり，駐車場のデータ自体がデジタル化されている事例は少なく，駐車場データをデジタル化することにより高い価値を生むビジネスモデルを構築することができるようになっていった。たとえば，異業種の企業より駐車場のデータについての連携など，新たなビジネスモデルの案が，数多く出るような状況になっ

てきている。このように新たなイノベーションが生まれる素地ができているという点に着目することが重要である。例えば，AIを使って自動的に適正な価格を導き出すことはすでに実用化されている。

　③アシックス

「スポーツで培った知的技術により，質の高いライフスタイルを創造する」というビジョンを掲げるアシックスもAIやクラウドを使ったデジタル・トランスフォーメーションを推進している。身体はどう動いているのか，動く時，身体の中ではどういった反応が起きているのか，筋肉はどう使われているのかなどサイエンスの視点からスポーツを研究，分析し，そのデータを，シューズをはじめとするあらゆるスポーツ用品に活用している。デジタル技術，AI技術が進化すると，アスリートのみならず一般のユーザーにもカスタマイズされたサービスを提供できる。

　その1つが，2019年に独自開発したランニングフォーム分析アプリ「アシックスランニングアナライザー」である。これまで蓄積してきた知見や10万件を超えるデータをもとにAI画像解析を活用し，プロネーションタイプを判定する。プロネーションとは，かかとの内側への倒れこみに代表される一連の動きで，着地の衝撃を和らげるために人体に備わった足本来の機能で，人によってアンダープロネーション，ニュートラルプロネーション，オーバープロネーションの3つのタイプがある。ランニングアナライザーは，撮影された動画をクラウド上のAIで自動解析し，プロネーションタイプを判定する。プロネーションというのは歩き方を意味するが，ほとんどの人は，自分自身の歩き方を知らない。自分の歩き方に合わせた製品を選ばないと，怪我をすることにつながる。怪我の予防をおさえた形で運動していくためには非常に重要なこと

である。今までは，プロネーションを簡単に調べるために，専門の設備を使う必要があったが，ランニングアナライザーのようにモバイルを使って測定することによって評価できるようなシステムが稼働している。こうしたイノベーションは，新たなシューズの開発，流通段階における在庫量の削減といったビジネスにおける新たな展開につながっていく。

④ワコール

ワコールは，1949 年の創業以来，女性用インナーウェアを中心に事業を展開してきた。「世の女性に美しくなってもらうことによって広く社会に寄与する」という経営理念のもとに着実に業績を伸ばしてきた。ワコールの発展は，科学の視点から女性の「美しさ」を追求する人間科学研究所と店舗最前線のビューティーアドバイザーの存在抜きに語ることはできない。ワコールのデジタル・トランスフォーメーションは，これまでの成功体験を活かしたデジタル化，それが「3DSmart & try」である。顧客は計測したデータをもとに店内のタブレットで商品をチェックし，プロのアドバイスを受けながら自分にあったインナーを選ぶことができる。今までの下着売り場であれば，顧客にブラジャーを試着してみたいと依頼された時に販売員が採寸を実施していた。その際，販売員はメジャーを使って顧客の身体を採寸するが，顧客と非常に密着した状態で採寸をすることになるため，人に触れられることに抵抗がある，人に体を見られるのが恥ずかしいなど，繊細な感情を抱く顧客が多くいた。

このような顧客の下着購買におけるストレスを緩和し，より購買を楽しめるように考えられたのが「3DSmart & try」システムである。3 次元測定器を用い，顧客の全身データを 5 秒間で 150 万点取得し，体型

データを分析する。ワコールでは，1964年の設立以来，毎年1000人近くの女性の人体計測を行ってきた。これまでのデータ蓄積に加え，3DSmart & try の導入により，毎年多くのデータが蓄積されている。

　ワコールにとっては，データのデジタル化と同様に，ストレスフリーな顧客体験を生み出すことが大きなテーマであった。現代社会では，世界中の企業がデータの蓄積に価値を見出し，様々な取り組みが行われている。これらのデータを AI やクラウドと言った ICT で有効に活用する。これが，ワコールのデジタル・トランスフォーメーションである。

（2）量子コンピューティング

　二進法を使って演算処理をする従来のコンピュータは万能ではなく，膨大な時間がかかる計算処理も発生している。そこで近年にわかに注目を集めているのが量子コンピュータである。量子コンピュータは従来のコンピュータ，いわゆる古典的なコンピュータとは異なり，物理現象を利用して処理を行うことが特徴である。古典的なコンピュータは，「0」か「1」の状態を取ることによって二進数で数を保持し，演算処理を行う。つまり2つ以上の状態を同時に表現することはできない。一方，量子コンピュータは，特定の条件で物質が量子的な振る舞いをするという特性を生かし，1単位当たり「0」「1」そして「0でも1でもある状態」の3通りで表現することができる。これらを重なり合った状態を維持したまま処理することで複数の入力変数に対する計算を同時に進めることができる。古典的なコンピュータでは3ビットの情報処理を行う場合，8回の処理が必要だったのに対し，量子コンピュータの量子ビットでは1回の情報処理ですむのである。量子コンピュータは大きく分けると「量子ゲート方式」と「量子アニーリング方式」の2つがある。量子アニーリング方式は，日本で提唱された手法である。その原理をパズルに

喩えて説明しよう。従来の手法では，順番にピースを詰めていき，おさまらない箇所が出ると前に戻って全ての組み合わせを確認しなければならない。一方，アニーリング方式は，ピースを揺らして全体を落ち着かせ，短時間で最適化を図り，正解を導き出す。量子力学の現象の1つ，「量子ゆらぎ」を用いて組み合わせ最適化計算を実行するのである。

①グルーヴノーツ

　日本でも量子コンピュータの実用化が始まっている。福岡県にある株式会社グルーヴノーツは，いち早く，量子コンピュータの実用化を始めた。グルーヴノーツは，高度な数理モデルをシンプルに使うことができるクラウドサービスを開発・提供している。量子コンピュータマシンを使う上で必要なソフトウェアの開発に世界で初めて成功し，量子コンピュータを駆使したプラットフォームを構築している。量子コンピュータは，膨大な選択肢の中から指定の条件をすべて満たした「最もよい選択肢」，つまり最適解を探すのを得意とする。どれだけモノが売れるかといった，未来を予測する AI に対し，人やモノ，作業など，経営資源の最適配置を立案する（図 14-3 参照）。クライアントの様々な業務課題を解決するには双方の技術が必要となる。

　量子コンピュータの特徴は，計算時間が非常に早い点である。これは，欠点でもあり良い点でもあるが，使える用途は非常に限られている。具体的には，組み合わせ最適化問題を解くことに非常に向いている。プログラムで動かないかわりに，エネルギー式を与え，エネルギー状態の低いところを物理的に探させ，解を求めるのである。つまり，最適状態を求めるための計算式を作る必要があるが，この式を作るのは非常に難しい。しかし，この組み合わせ最適化というのは今までのコンピュータでなかなか解けなかったことから，コンピュータにおける最後

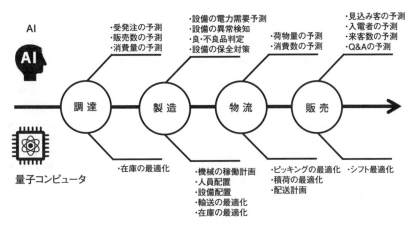

出典：株式会社グルーヴノーツ・マゼランブロックスwebサイト
（https://www.magellanic-clouds.com/blocks/）を参考に筆者作成

図14-3　AIと量子コンピュータの役割

に残された課題と言われていた。人類がコンピュータで解くことができ
なかった問題を解けるということから，世の中に与えるインパクトとし
てはかなり大きい。そうした劇的なことを実現するのが量子コンピュー
タなのである。必要なところに適切なテクノロジーやサービスを活用す
るのである。

②キユーピー

　グルーヴノーツは，マゼランブロックスという名称で，大量のデータ
を高速に処理できる基盤として，未来予測や画像認識ができるAIと，
組み合わせ最適解を解く量子コンピュータの両者を実装したクラウドプ
ラットフォームを提供している。2020年，食品メーカー大手のキユー
ピー株式会社は，製造ラインのシフト最適化プロジェクトにマゼランブ
ロックスを採用した。従業員の負荷軽減と生産能力の向上を両立させる

新たな挑戦で，テクノロジーを駆使して，人に優しい未来の働き方モデルの構築を目指している。最適なシフトの作成は，人とロボットが混在する製造ラインにおいても重要な課題である。ロボットの性能はそこに働く従業員の動きと調和がとれたときにこそ存分に発揮され，滞りなく作業が進捗し，ベストパフォーマンスが期待できる（**図14-4**参照）。これらの問題解決に向けて業界標準のソリューションを創出するため，マゼランブロックスが採用された。グルーヴノーツのマゼランブロックスは，他にも製造や小売，建設，交通，物流など，様々な分野で最適なITサービスを提供している。

現在，量子コンピュータやAIを用いて問題解決に取り組んでいることは何を意味するのだろうか。人間社会が変化を望む状態に到達しよう

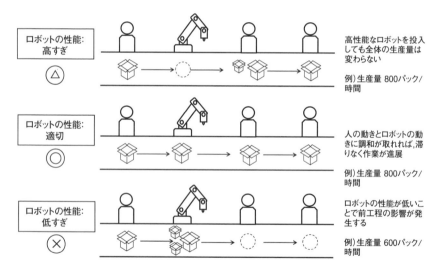

出典：株式会社グルーヴノーツ・マゼランブロックスwebサイト
　　　（https://www.magellanic-clouds.com/blocks/）を参考に筆者作成

図14-4　人とロボットの調和

としているのを AI や量子コンピュータの助けによって達成しようという試みなのである。人間はどうあるべきなのか，人間社会が望んでいるものは何かという問いに対する回答はまだないが，望む未来が今と違う大きな変化を必要とする限り，AI や量子コンピュータといった新たなイノベーションが必要であることは言うまでもない。さらに，人とロボットが共存する世の中において，人の力量には限界があり，ロボットの力量としてさらに何が必要なのか。タクト時間やハンドルの制約条件など，様々なものがあるが，その制約条件を明確にして共存させたときに，量子コンピュータによる最適化が望まれる解となるのである。

4. まとめ

　コンピュータは，目まぐるしい勢いで処理能力を向上させている。ムーアの法則によると，半導体回路の集積密度は，およそ 1 年半から 2 年で2倍になると言われている。デジタル・トランスフォーメーションは，コンピュータの処理能力の向上によってビジネスを飛躍的に向上させることを目的としている。デジタル・トランスフォーメーションというのは，日本では AI をうまく使う，IoT でデータを収集する，ビッグデータを解析するなど，要素技術と同等の範疇で議論されることが多い。しかしながら，デジタル・トランスフォーメーションは，パラダイムシフトであり，産業構造が大きく変化する中で，製造業のサービタイゼイションという言葉に象徴されるように，すべての産業がプロダクトサービスシステムのほうに移行するという，新しいイノベーションが生まれることを意味する。AI はすでに実用化されており，使いやすい形で普及し始めている。換言すれば，これだけクラウドが発達すると人工知能を容易に使用できる素地が出来上がっている。しかし，ビジネスとして何に使うのか，何をしたいのか，何をするべきなのか，どのような

人材を育成するのか，という実用上の問題は解決できていない。そうい
う意味では，経営とオペレーションをどう繋ぎ込むのか，ここの接点の
知識体系をできるだけ早く確立する必要がある。

　どうデータを使うのか，どう AI を使うのかという点については，非
常に早いスピードで解決されてきた。つまり，AI の普及は早い。しか
し何に使い，どうすればイノベーションを生むことができるのか，この
点については，ビジネスそのものをきちんと学習する余地がある。どう
いう形でサプライチェーンが高度化していくのか，自分の企業の範囲を
越えて高度化した際にはどのようにキャッチアップするべきか，さらに
開発のプロセスはどのように世界中と協調できるのか，このような問題
意識でイノベーションに取り組む必要がある。

　デジタル・トランスフォーメーションによるイノベーション，それは
今まで存在しなかったものを作り出し，人々の常識や社会全体の価値観
に劇的な変化をもたらせていくものである。しかし，コンピュータだけ
で，イノベーションを生み続けることはできない。斬新なアイデアでコ
ンピューティング技術を活用し，ビジネスや人々の暮らしをより豊かに
するイノベーションを生むための人材が，これからの社会では求められ
ている。

学習課題

1．人にしかできない仕事とAIにしかできない仕事をそれぞれ列挙してみましょう。
2．人が高度なAIや量子コンピュータを活用することによって生まれる価値とはどのようなものでしょうか？
3．アナログの時代からデジタルの時代への変革時には，どのようなイノベーションが生まれたのか，考えてみましょう。

参考文献

Verhoef, P. C., T.Broekhuizen, Y.Bart, A.Bhattacharya, J.Dong, N. Fabian, and Haenlein.M.(2021) "Digital transformation: A multidisciplinary reflection and research agenda," *Journal of Business Research*, 122, 889-901.

アルン・スンドララジャン著，門脇弘典訳（2016）『シェアリングエコノミー』日経BP〔原書：Sundararajan, A. (2016) *The sharing economy : the end of employment and the rise of crowd-based capitalism*, Cambridge, Massachusetts, The MIT Press〕

ティエン・ツォ，ゲイブ・ワイザート著，桑野順一郎監訳，御立英史訳（2018）『サブスクリプション―「顧客の成功」が収益を生む新時代のビジネスモデル』ダイヤモンド社〔原書：Tzuo, T. and Gabe Weisert, G. (2018) *Subscribed: Why the Subscription Model Will Be Your Company's Future ─ and What to Do About It*, Penguin Publishing Group〕

アレックス・モザド，ニコラス・L・ジョンソン著，藤原朝子訳（2018）『プラットフォーム革命―経済を支配するビジネスモデルはどう機能し，どう作られるのか』英治出版〔原書：Alex Moazed, A. and Johnson, N. L. (2016) *Modern monopolies: what it takes to dominate the 21st-century economy*, New York, St. Martin's Press〕

15 | ビジネスエコシステムという
イノベーション

伊藤 宗彦

《目標＆ポイント》 日本のモノづくりやサービスは今，早急にデジタル技術を中心としたイノベーションによるパラダイムシフトに取り組むことが求められている。これからの時代の日本の産業界のイノベーションの中心は，コンピューティング技術を活用するデジタル・トランスフォーメーションであることは言うまでもない。本章では，ドイツが国家的に取り組むindustrie4.0の事例も参照し，日本のモノやサービスのイノベーションにとって重要な概念である，デジタル・トランスフォーメーションについて考える。

《キーワード》 デジタル化，IoT，デジタル・トランスフォーメーション，industrie4.0，プラットフォーム，エコシステム

---

1. はじめに

　20年前，GAFA（Google, Apple, Facebook, Amazon）といった企業は，ほとんど知られていなかったが，今では誰もが知る企業となった。世界中の人々は，なぜ，GAFA が提供するサービスを好んで利用するのであろうか。確かに，GAFA のサイトにアクセスすれば，欲しい情報がすぐに手に入るし，モノからサービスまでなんでも揃っている。つまり，電車や飛行機のチケットやホテルの予約といった従来あるサービスだけではなく，今までは，対面サービスであった保険，金融，医療など，あらゆる種類のサービスが提供されるようになった。GAFA による数多くのイノベーションのおかげで，デジタルビジネスが誰でもアク

セスできる身近なサービスになったのである。

　本章では，モノやサービスのデジタルビジネスのイノベーションについて，分かりやすい事例とともに説明していく。前章に引き続き，デジタル時代のビジネスモデルについて，デジタル・トランスフォーメーション（DX改革）という概念から考えてみたい。すでにデジタル・エコノミーは始まっており，デジタル化された世界でイノベーションを起こすには，あらゆる規模の会社がビジネスモデル，人的資源，組織構造，企業文化などにおいて，大きく変化する必要がある。現代のデジタル・エコノミーに関わるイノベーションでは，技術力の問題だけではなく，会社がどのように変化するかという問題，すなわちデジタル・トランスフォーメーションが最も大きな課題となっている。またイノベーションは起こるかどうかではなく，いつ，どのようにして起こすかが企業経営にとって重要となる。本章では，事例をもとに，デジタル時代のイノベーションと密接に関係するビジネスエコシステムという概念について学ぶ。

2.　Industrie4.0：第4次産業革命

　第1次産業革命は，蒸気機関による動力の獲得で起こった。その後，第2次産業革命はモーターによる動力の革新，第3次産業革命はICとプログラムによる自動化で起こった。これらに次ぐ新たな産業構造の変革の契機として，AIやクラウド，ビッグデータなどのIoTを活用した技術革新は「Industrie4.0：第4次産業革命」とも呼ばれており，世界経済へ大きな影響を与えるものと考えられている。ここで，デジタル化によるモノづくりは，「スマートファクトリー」とよばれている。

　この第4次産業革命において，ドイツ政府は，2006年，世界各国でのモノづくり，特に技術・イノベーション政策を方向づけるべく，10

分野に及ぶ「ハイテク戦略」を策定している。また，ドイツ政府や産業界が推進している戦略の1つ Industrie4.0 は，2010 年にドイツ政府によって策定された「ハイテク戦略 2020」を基本としている。ハイテク戦略において，Industire4.0 はデジタル経済や社会の将来課題として推進していく旨が記されているのである。ここで，Industrie4.0 は，アナログデータを使用していた従来のビジネススタイルから，デジタル化を進めるという単純な思想ではない。データが最適にデジタル化され，AI，クラウド，ビッグデータなどを駆使し，デジタルによるビジネスの創出や改革をするデジタル・トランスフォーメーションによりパラダイム変革を行うことが中心概念となる。

　あらゆるモノや情報がインターネットを通して繋がり，それらが互いにリアルタイムで情報をやり取りする相互協調，人間の指示を受けずに判断し機能する自律化，システム全体の効率向上による新たな製品やサービスの創出，高度化，こういったデジタル・トランスフォーメーションで産業界にイノベーションを起こすことが Industrie4.0 の基本概念である。世界では様々な形で Industrie4.0 への取り組みが始まっているが，日本企業では立ち遅れているのが現状である。ではなぜ，日本企業は，Industrie4.0 への取り組みが遅れてしまったのであろうか。

　Industrie4.0 のコンセプトの中心にあるのは，「スマートファクトリー：つながる工場」である。物理的なモノの世界では，IoT でサプライヤー，工場，サービスが繋がり，プロダクトの製造・販売が行われる。一方，こうした製造販売で収集したビッグデータ（顧客データや製造データなど）を解析し，AI で販売予測などを行い意思決定のサポートをする。この過程で生成されたスマートデータからも新しいビジネスが生み出される。つまり，物理的なモノの世界と仮想世界をクラウドで連携させ PDCA サイクルを回し，技術革新，生産性の向上，技能伝承

など様々な課題を解決しビジネスを発展させていくのである。こうした
システムをエコシステムと呼ぶ。このエコシステムという概念は，
SDGs といった環境問題や社会全体の生産性にも関係する重要な概念な
のである。

3. プラットフォーム

　「プラットフォーム戦略」というキーワードを聞いたことがあるであ
ろう。例えば，Amazon や Google，楽天市場といった EC サイトや，
YouTube や Facebook，インスタグラムなど，デジタルコンテンツを
扱うポータルサイトに，我々は毎日のように触れている。ビジネスの世
界では，プラットフォームを成功させれば，大きな収益が見込めるとい
う考え方が定着している。プラットフォームとは，駅の乗り場や舞台な
ど周辺よりも高くて平らな場所を意味する英語であり，ビジネス用語と
して使う場合は，サービスやシステムを動かすための土台・基盤を表
す。アマゾンや楽天，Facebook といった EC サイトやポータルサイト
など，web 上で提供される様々なサービスの基盤を表す場合には，オ
ンライン・プラットフォームと呼ぶ。

　プラットフォーム戦略とは，売り手（サプライヤー）と買い手（顧
客）に関係する多くのニーズとシーズを橋渡しするビジネス戦略であ
る。多くの企業から商品やサービスを集めることで，世界中をカバーす
るような商圏を形成することもできる。一方，消費者からすると，アカ
ウントを取得すれば，様々なサービスを受けられることが特徴となる。
現在では，プラットフォームは業種を問わず存在し，GAFA を代表的
な事例として，多くの成功事例がある。

　プラットフォーム戦略では，中心となる企業はプラットフォーマーと
呼ばれ，サプライヤーと顧客の仲介を行う。プラットフォームでは，

ユーザー数が多くなるほど商品やサービスの価値が高まるネットワーク効果が期待でき，短期間で多くの顧客を獲得することにより，商品やサービスの価値を高めることができる。

4. プラットフォームとエコシステム

デジタル化に関するイノベーションについて考えるとき，エコシステムという概念を理解する必要がある。日本を含め世界中の国では，デジタル化を強力に推進している。その中でも，エストニアは，デジタル化が最も進んだ国として知られている。エストニアは，バルト3国の1つであり，人口約132万人と大きな国ではない。しかし，デジタル化という面では，世界最先端といえる政府を実現しており，国民は，ネットワークを通じてあらゆる行政サービスを受けることができる。ヘルスケア分野でのデジタル化は特に進んでおり，e-Health と呼ばれるシステムで，医療データのデジタル化を世界で初めて実用化し，2020年には，医療機関ではほぼ100％，データがデジタル化されるようになった。このe-Health の仕組みは，ブロックチェーンの活用により安全性が保証されており，エストニア国内のすべての病院や大学，行政機関が医療データにアクセスすることが可能になっている。そのために，極めて効率のよい医療体制ができあがった。また，エストニアでは，オンライン上で確定申告，選挙の投票，出生届，引っ越しにかかわる手続きなど，行政サービスをすべて受けることができる。こうして，個人情報に縛られることなく，政府と国民のネットワークが形成されるようになった。このように，デジタル化（デジタル・トランスフォーメーション）によって参加する者全体にかかわる新たな仕組みが実現している。こうした動きは，従来の国家の枠組みを超えてビジネスの世界でも進展しており，エコシステムと呼ばれている。

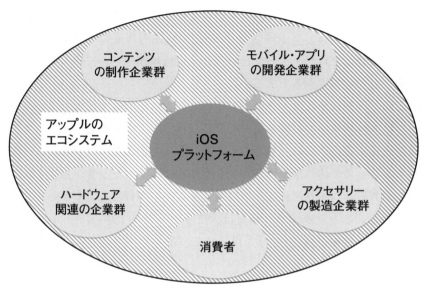

（筆者作成）

図15-1　アップル社のエコシステム

　それでは，プラットフォームとエコシステムは，どのような関係にあるのであろうか。アップル社の iPhone は誰もが知っているスマートフォンの代表的な製品である。アップル社の事例をもとにプラットフォームとエコシステムの関係について説明しよう。**図15-1**はアップル社のエコシステムを示したものである。iPhone, iPad, iMac などアップルの製品群の中心にあるのは iOS と呼ばれるシステムを管理するソフトウェアである。つまり，アップル社の iOS プラットフォームを中核として，エコシステムが形成されている。図中に示すように，主要なビジネスには，音楽や書籍などを制作する多くのコンテンツ制作企業，モバイルアプリの開発企業，イアフォン，充電器など主要なアクセサリー製造企業，アップル社自体が提供する iPhone などのデバイス製

造に関連する企業，さらに消費者が含まれている。こうしたアップル社のエコシステムは，ビジネス全体として20兆円弱もの市場規模となっている。通信プロバイダーを含めると，市場規模はさらに膨大なものになることが理解できるであろう。

　このエコシステムは，アップル社のビジネスを通じて拡大していくとともに，外部環境の影響を受けて変容し続けるものである。エコシステムが成長するためには，多くの企業が，各々の強みでエコシステムに参画することで全体の生産性が向上し，多くのイノベーションが生まれる必要がある。つまりこれは，エコシステム上で多様なモノやサービスが生まれることを意味する。例えば，アップル社のiOSプラットフォームだけで，世界全体で60万人以上のモバイルアプリ開発者の雇用を生み出している。

　日本国内でも従来の産業の枠組みとは異なる新たなエコシステムが実現している。従来の産業の枠組みとは，多くの企業から形成される産業の中での企業間の競争や協調関係を指す。近年，大企業やベンチャー企業を中心に，今までになかったような企業間関係からなるエコシステムの事例が見られるようになった。たとえば楽天は，日本企業としては数少ない，エコシステムの事例である。楽天市場を中心に，通信，証券，保険，損保，銀行など，70以上のサービスを展開している。キーとなるのは，「楽天ポイント」である。楽天のサービスを利用すると，楽天ポイントが溜まる仕組みになっており，ポイントを「お金」として使える。このエコシステムには，消費者だけではなく，楽天でモノを販売するサプライヤーやサービスプロバイダーなども参加し，エコシステムを形成するメンバーとなっている。楽天は，従来の企業間関係に縛られることなくエコシステムを作り上げ，年間売上1兆4500憶円（2020年度）を超える企業へと成長した。

5. エコシステムドライバー

　Google を知らない人に「Google は何をしている会社ですか？」と質問しても，なかなか回答が返ってこない。一方，トヨタと言えば自動車，パナソニックは大型テレビや洗濯機といった家電製品，ソニーはゲーム機というように，昔から存在する企業は，その業容を説明しやすい。デジタル時代を迎え，新たな仕組みで収益を上げる企業を次世代型企業としよう。デジタル化の時代には，いかに成功した企業でも，過去と同じやり方をしていては次世代型企業の標的になり，競争優位を失ってしまうことが起こりうる。

　デジタル社会で成功するには，会社の規模を問わずあらゆる企業がビジネスモデル，人的資源，組織構造，競争優位性，企業文化を見極め，自社を改革し，やり方を大胆に変更する必要がある。こうした改革は，日本では，歴史のある大きな企業ほど不得意である。デジタル化した社会の中で，新たなエコシステムを立ち上げていく企業を，エコシステムドライバーと呼ぶ。エコシステムドライバーとはどのようなイノベーションを生み出す企業なのか，考えてみよう。

（1）次世代型企業

　デジタル時代にイノベーションを生み出す企業には，①ベンチャー企業，②新たなビジネスモデルを構築した伝統企業，③業界にこだわらない仕組みの企業，という3つのタイプがある。次世代型企業として成功するためには，過去の成功体験は必要としない。本項では，新たなビジネスエコシステムの中でイノベーションを生み出した次世代型企業とはどのような企業なのかを考えてみよう。

①ベンチャー企業

今までにないビジネスモデルの構築能力とデジタル技術力を発揮して，新たなビジネスエコシステムを構築する企業は，デジタルスタートアップスと呼ばれるベンチャー企業である。ウーバーやアマゾンといった企業が，良く知られた事例である。

②新たなビジネスモデルを構築した伝統企業

既存企業が新たなビジネスモデルを構築し，顧客への訴求を飛躍的に向上させるケースも存在する。例えば，女性用下着メーカーのワコールは，かつては「神の手」と呼ばれた販売員や職人の仕事をデジタル化することや，インターネットでの販売，百貨店との協業など，販売をオムニチャネル化することで，伝統企業においてもイノベーションを生み出した。

③業界にこだわらない仕組みの企業

ある業界で成功している企業が，デジタル変革を通じて新たなビジネス領域や他の業態に進出することでイノベーションを生み出すことがある。例えば楽天は，インターネット販売の楽天市場だけでなく，銀行や保険，損保など様々な分野にビジネスを広げている。

以上のように，規模，歴史，業態に関係なく，様々な会社が，独自のデジタル戦略を駆使し，新たなエコシステムを創造することで，新たなイノベーションを生み出し，次世代型企業と呼ばれている。

（2）エコシステムドライバー

エコシステムを展開する企業では，多様な事業間で共有されるデータによって，ビジネスをどのように組み立てていくのか，それによってどうメリハリを効かせていくか，ビジネスそのものをきちんと設計してい

くことが重要な戦略になっている。DX改革によるパラダイムシフトとは，今まで存在しなかったものを作り出し，人々の常識や社会全体の価値観に劇的な変化をもたらせていくものである。マサチューセッツ工科大学（MIT）教授のピーター・ウェイル（Peter Weill）はこれをエコシステムドライバー（Eco System Driver）と表現している。

　デジタル技術自体は，どの企業でも，クラウドやAIを導入すれば大きな変革を望める。しかし，デジタル技術だけでイノベーションを創造できるわけではない。エコシステムドライバーというのは，デジタル技術によって，顧客にとって魅力のあるモノやサービスを提供し，今までにないイノベーションを創造することができる企業のことを指す。エコシステムドライバーこそが，次世代型企業なのである。

　図15-2にデジタル時代のビジネスモデルを，2つの次元から説明している。まず，図の横軸はビジネスデザインを示している。これは，誰が主要な意思決定をコントロールしているのか，という次元である。自社独自のエコシステムを構築しているか，あるいは，大企業のバリューチェーンを構成するサプライヤーなのかという分類ができる。例えば，ブランド，契約内容，価格，知的財産権，規制など，多くの要因によってビジネスの質が変わってくる。もう1つは，最終顧客についての知識レベルの次元がある。これは，顧客の属性，購買履歴など，顧客についてどれほど知っているか，という次元である。

　この2つの次元を掛け合わせると4つのビジネスモデルが出来上がる。まず，図中，左下のサプライヤーは，大企業のサプライチェーンに組み込まれた中で事業を行う企業である。自社が属するバリューチェーンの最終顧客に関する情報を部分的にしか入手できていない，BtoB，あるいは，BtoCのビジネスモデルである。小売業者などの流通を通じてテレビを販売するソニーやパナソニックのような家電製造企業が相当

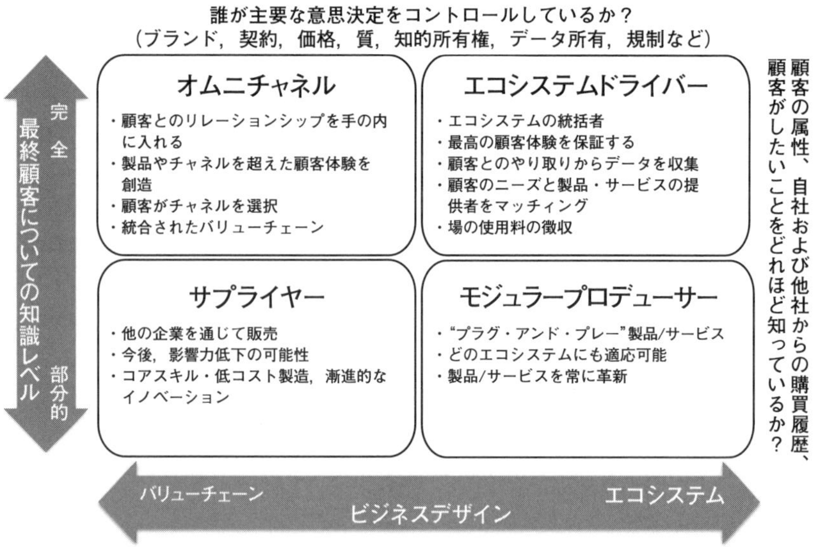

誰が主要な意思決定をコントロールしているか？
（ブランド，契約，価格，質，知的所有権，データ所有，規制など）

オムニチャネル
・顧客とのリレーションシップを手の内に入れる
・製品やチャネルを超えた顧客体験を創造
・顧客がチャネルを選択
・統合されたバリューチェーン

エコシステムドライバー
・エコシステムの統括者
・最高の顧客体験を保証する
・顧客とのやり取りからデータを収集
・顧客のニーズと製品・サービスの提供者をマッチング
・場の使用料の徴収

サプライヤー
・他の企業を通じて販売
・今後，影響力低下の可能性
・コアスキル・低コスト製造，漸進的なイノベーション

モジュラープロデューサー
・"プラグ・アンド・プレー"製品/サービス
・どのエコシステムにも適応可能
・製品/サービスを常に革新

最終顧客についての知識レベル　完全／部分的

顧客の属性、自社および他社からの購買履歴、顧客がしたいことをどれほど知っているか？

バリューチェーン　ビジネスデザイン　エコシステム

出典：Weill, P. and Woerner, S.L.（2015），p.29を参考に筆者作成（Peter Weill, Stephanie L. Woerner, Thriving in an Increasingly Digital Ecosystem (Summer 2015), MIT Sloan Management Review）

図15-2　エコシステムドライバー

する。社会全体のデジタル化が進むとサプライヤーの影響力は低下し，継続的な値下げ要求にさらされ，業界再編などが起こることが予想される。

　次に図中，左上に位置するビジネスモデルはオムニチャネルである。これは，デジタルによるチャネルを含め，複数のアクセス方法で顧客が自社製品を購入することができる仕組みをつくり，より豊富な選択肢を顧客に与えることができるビジネスモデルを指す。例えばユニクロのようなアパレル企業は，独自の路面店だけではなく，ショッピングモールへのテナント出店やネット販売など，様々な販売チャネルでの購入がで

きるオムニチャネル企業になることを目指している。なぜならば，販売を流通に任せるサプライヤーではなく，デジタル化で得られる情報を元に自ら顧客と触れることにより，より顧客に近づいたビジネスを目指すことができると考えるためである。

　次に図中，右下は，モジュラープロデューサーと呼ばれ，エコシステムに適用するシステムを手掛けるビジネスモデルである。

　最後に，図の右上にあるのがエコシステムドライバーである。エコシステムドライバーは，特定のビジネス領域において，顧客から真っ先に指名される存在であることが求められる。そのビジネス領域を決めることがエコシステムドライバーの最も重要な意思決定となる。例えば，セブン-イレブンのビジネス領域はコンビニエンスストアであるが，多くの顧客が毎日の生活のニーズを満たす目的地となっている。GAFA や楽天もそれぞれのビジネス領域で，顧客の目的地となっていることは理解できるであろう。

　エコシステムドライバーになるためには，選択したビジネス領域において，扱う製品やサービスにおける，① QCD（品質，価格，供給能力），②顧客体験，③ビジネスを行うプラットフォーム，という３つの要素がすべてトップクラスのパフォーマンスでなければならない。それぞれのハードルは高く，簡単に達成できるものではないが，エコシステムドライバーと呼ばれる企業は，高い企業成長率，高い利益率，また市場からの評価による高い時価総額を達成している。

（3）デジタル時代の競争優位

　ハーバード・ビジネススクールの経営学者，マイケル・ポーター（Michael Porter）は，競争優位戦略の基本として，「コストリーダーシップ」「製品差別化」「集中」の３つを挙げている。製造業でもサービ

ス業でも，いずれかの戦略を取ることで，企業は競争優位性を発揮でき
るという。まず，この競争優位という概念を説明しよう。コストリー
ダーシップとは，ライバル企業よりも低コストで製品を生産することに
より価格優位性を保ち，収益を確保する戦略である。製品差別化とは，
自社しかできない製品やサービスにより競争優位を獲得する戦略であ
る。品質やデザイン，ブランド，サービスや宣伝・広告による差別化の
方法がある。集中とは，自社のサービスや製品が競争力を発揮できそう
なサービスや製品に経営資源を集中し，その市場に対し，魅力的なコス
トや品質の製品を提供し，競争優位性を獲得する戦略である。

　デジタル化が進んだ現在においても，上記の戦略は通用するのであろ
うか。もちろん，基本的には通用するであろうが，現在の EC 市場は巨
大でグローバルな市場であるため，想像以上の価格競争に巻き込まれ，
サービスや製品が簡単に模倣されることもある。さらには，自社の能力
で狙えるターゲットセグメントが小さすぎて，市場占有率が高まらない
といった問題が想定できる。

　それでは，デジタル化時代の競争優位性とはどのようなものであろう
か。エコシステムドライバーについて，①QCD（品質，価格，供給能
力），②顧客体験，③プラットフォーム，という３つの要素がすべて
トップクラスのパフォーマンスを示す必要性を前項で指摘した。①の
QCD の優位性は，「コストリーダーシップ」「製品差別化」「集中」とい
う従来の競争優位性の条件に他ならない。デジタル化時代は，顧客との
関係性を構築し，顧客の意思決定を促す仕組み，例えば，レコメンデー
ションやダイナミックプライシングといったサービスの優位性が重要な
役目を果たす。また，こうしたサービスや製品を実際に取引する仕組み
をプラットフォームというが，そのアクセスのしやすさ，使いやすさな
ども重要な差別化要素となる。これらは，すべてデジタル化時代のビジ

ネスモデル特有の差別化要因である。つまり，エコシステムドライバーとなるための構成要素である，製品・サービス，顧客との関係性，プラットフォームにおいて，競争優位性が決まるのである。

6. おわりに

　現代はデジタル・エコノミーの時代であり，デジタル化された世界でイノベーションを生み出すには，あらゆる規模の会社がビジネスモデル，人的資源，組織構造，企業文化などを大きく変えるデジタル・トランスフォーメーション（DX改革）に取り組まねばならない。エコシステムとは，大企業やベンチャー企業を中心にした新たな企業間関係を指す。エコシステムドライバーというのは，デジタル技術によって，顧客にとって魅力のあるモノやサービスを提供し，顧客によって最初に選択される企業である。自社独自のエコシステムを持つことにより，企業の成長性，収益力，売上など，高い業績が望めることから，多くの会社がエコシステムドライバーを目指している。しかし，エコシステムドライバーを目指すことだけがDX改革ではない。製品を販売するサプライヤー企業が，デジタル技術によってオムニチャネル企業を目指すのもDX改革である。つまり，DX改革とは，製品やサービスをどのように創造するかという技術の問題ではなく，会社をどのように変えるかというイノベーション・マネジメントの問題なのである。

学習課題

1．企業が，デジタル・トランスフォーメーションに取り組む意義について考えてみましょう。
2．デジタル化時代に活躍する企業とはどのような企業でしょうか。
3．プラットフォームビジネスをしている企業を列挙してみましょう。その中で，最も気に入ったプラットフォームについて，なぜ気に入ったのか考えてみましょう。

参考文献

Weill, P. and Woerner, S. L. (2018) *What's Your Digital Business Model?: Six Questions to Help You Build the Next-Generation Enterprise*, Brighton, Massachusetts, Harvard Business Review Press〔邦訳：ピーター・ウェイル，ステファニー・L・ウォーナー著，野村総合研究所システムコンサルティング事業本部訳（2018）『デジタル・ビジネスモデル　次世代企業になるための6つの問い』日本経済新聞出版〕

マーティン・フォード著，松尾豊監訳，水原文訳（2020）『人工知能のアーキテクトたち ―AIを築き上げた人々が語るその真実』オライリー・ジャパン〔原書：Ford, M. (2018) *Architects of intelligence : the truth about AI from the people building it*, Birmingham, UK : Packt Publishing〕

索引

●配列は五十音順。＊は人名，☆は企業名を示す。

●あ 行

アーキテクチュラル・イノベーション　93, 99
アーム☆　149
アーリーマジョリティ　67, 69, 70
アウトソーサー　146
アウトソーシー　146
アウトソーシング　97, 146, 152–154
アウトソーシング・サービス　203
アウトバウンド型　155–157
「あきっぱ！」　212
アシックス☆　213
「アシックスランニングアナライザー」　213, 214
味の素☆　123
アジャイル型製品開発　165, 167–169
アッターバック, J. M.＊　78, 79, 82, 86
アップル☆　81, 91, 149, 197, 227, 228
アバナシー, W. J.＊　75, 76, 78, 79, 82, 84–87
アマゾン☆　209, 225, 230
アメリカの起業家教育　139
アメリカの産業構造　177
アメリカの閉鎖会社　15, 29
アライアンス　150
アルマデン研究所　202
アントレプレナー　131–135, 137
アントレプレナーシップ　132, 138
イーロン・マスク＊　134
イギリスの株式有限責任会社　15, 29
移行状態　82, 83, 85
移行パターン　82
『イノベーションと企業家精神―実践と原理』　28, 38, 39

イノベーション能力　117, 118, 135
イノベーションの外部化　158
イノベーションのジレンマ　102, 103, 105–107, 109, 112–114
イノベーションの普及理論　56, 57, 72, 75
イノベーションのベルカーブ　63, 64, 68
『イノベーション普及学』　56, 60, 65, 68, 69
イノベーション・プロセス　137
イノベーション・マネジメント　11, 53, 79, 235
イノベーター　66–70, 130, 131, 135
イノベーター理論　56, 65, 66
インキュベーター　139, 141
インクリメンタル・イノベーション　89–91, 93, 99, 102, 113, 128
インスタグラム　225
インソーシング　152–154
インテグラル型アーキテクチャ　94, 95, 98
インテル☆　147, 152
イントラプルナー　133
インバウンド型　155, 156
インフルエンサー　67
ウィリアム・ペティ＊　177
ウーバー☆　230
ウェイル＊　231
ウォルマート☆　22
永久資本制　13
エコシステム　38, 223, 225–235
エコシステムドライバー　229–235
エジソン＊　44, 45
エストニア　226
エニアック　⇒ENIAC
エリック・ストルターマン＊　208
エンジニアリングチェーン　145

オートエンコーダ　210
オープン・イノベーション　144, 145,
　152–158
オープン・インテグラル　97
オープン化　95
オープン型　96
オープン・モジュラー型　97
オピニオンリーダー　61, 62, 67–70
オフィス・オートメーション　198, 199
オムニチャネル　230, 232, 233, 235
オランダ東インド会社　12
オンライン・プラットフォーム　225

●か　行
カーブス☆　32, 33
外的統制　134
開発委託　148, 149
外部技術　154, 155
花王☆　52
科学的管理法　169
科学的発見　37, 41–43, 49–53
革新者　135
革新的採用者　66
カシオ計算機☆　77, 79, 81, 85, 86, 112
過剰品質　105, 106, 108, 113
活動基準原価計算（ABC）　170
鐘淵紡績☆　199
株式会社　12–16, 29
株式公開　⇒IPO
株式合資会社　15, 29
カロザース＊　42
カンティヨン＊　131
管理者　135
機械学習　210, 211
起業家　17, 130–141
企業家　17, 131

起業家活動　132, 137, 138, 140–142
起業家教育　138–141
起業家精神　18, 132, 134, 138, 140
企業活動　145, 161
起業家的資質・能力　138
起業家養成　141, 142
企業間関係のマネジメント　144, 158
企業内ベンチャー　133
技術移転機関（TLO）　139
技術革新　11, 12, 16, 22, 41, 84, 164
技術革新の普及過程　60
技術的の能力　117, 118
技術的優位性　128, 144
技術の優位性　122, 123, 150
機能業務　120, 122, 125, 127
機能重視組織　124
機能部門長（FM）　125–127
機能別組織　124–128
キャズム　69–72
キャズム理論　56, 57, 69, 70, 72
キヤノン☆　79, 92
旧アムステルダム証券取引所　12
キユーピー☆　217
教師あり学習　211
教師なし学習　211, 212
京セラ☆　123
競争優位　45, 85, 89, 105, 106, 108, 113, 116,
　144–146, 150, 161, 229, 233–235
競争優位戦略　233
競争優位の確保　172
業務提携　150, 151
クオルコム☆　149
グッズ・ドミナント・ロジック　180–182
組み合わせ最適化　216
クラーク＊　92, 94, 102
クラウド　36, 206, 207, 213, 215, 216, 219,

223, 224, 231

クラウドプラットフォーム　217

クリステンセン＊　91, 103, 105, 106, 112, 113

グルーヴノーツ☆　216–218

クレイ・ワン（Cray-1）　197

クローズド・インテグラル型　96

クローズド型　96

クローズド・モジュラー型　97

グローバルSPA（製造小売業態）　162

経営革新　11, 12

経営機械化　199, 204

経営資源　30, 113, 116, 117, 126, 146, 149, 155, 166, 216, 234

『経済進歩の諸条件』　177

経済発展　17, 177

『経済発展の理論』　16, 19

ケイパビリティ　117

軽量級プロジェクト・マネージャー型組織　127

原価管理　169–171

原価企画　169, 171

『現代の経営』　30, 35, 39

コア技術　116, 120–123, 149, 150, 158

コア技術戦略　122–124, 127, 144, 145

コア設計コンセプト　92, 93

後期多数採用者　66, 67

神戸製鋼☆　199

コーエン＊　43

コーリン・クラーク＊　177

顧客価値創造　164, 201

「顧客の創造」　27–32, 34

個人の機能的能力　117, 118

個人のリーダーシップ能力　117, 118

コスト管理　169, 172

コストリーダーシップ　86, 233, 234

コストリーダーシップ戦略　84

ゴットフリート・ライプニッツ＊　194

コニカミノルタ☆　123

小林製薬☆　172

コミュニケーションチャネル　62, 63

コモディティ化　185–187

コンサルティング・ビジネス　202

コンピタンス　117

コンピュータ・ビジネス　202

●さ　行

サービス・イノベーション　175, 179, 180, 183–189

サービス・サイエンス　175

サービス・ドミナント・ロジック　178, 180, 182

サービスプロバイダー　228

サービタイゼイション　219

サプライチェーン　22, 220, 231

サプライヤー　85, 96, 224, 225, 228, 231, 232, 233, 235

サムソン☆　149

産学連携型起業　133

産学連携型起業家　133

産業イノベーション　175

産業構造　22, 138, 176, 177, 219

シーゲート・テクノロジー☆　103, 104

ジェームズ・ワット＊　44, 45

ジェネンテック☆　43

ジェフリー・ヒントン＊　210

事業の持続可能性　172

事業を興した経験のある起業家　133

資源アプローチ　98

シスコシステムズ☆　152

次世代型企業　229–231

自然蓄積性　119

持続可能な開発目標 ⇒SDGs
持続的イノベーション　105, 106, 108
持続的競争優位性　144
「死の谷」　49, 56, 155, 163
支配的デザイン　⇒ドミナント・デザイン
資本提携　150
シャープ☆　122, 123
社会起業家　134
社会的資本　136, 137, 139
社会的能力　117, 118
社内起業　133
社内起業家　133
集中　233, 234
集中戦略　122, 123
重量級プロジェクト・マネージャー型組織
　127
シュガート・アソシエーツ☆　103
シュンペーター＊　11, 12, 16–20, 27, 28, 39,
　52, 75, 130, 131
シュンペーター・マークⅠ　17, 18
シュンペーター・マークⅡ　17, 18
ジョイント・ベンチャー　150, 157
商品委託　148
初期市場　69, 72
初期少数採用者　66–68
初期多数採用者　66, 67
ジョセフ・ヘンリー＊　195
ジョン・ネイピア＊　194
ジョン・フレミング＊　196
シリアル・アントレプレナー　133, 134
新イノベーション・ダイナミクスモデル
　185, 186
新規起業　133
新規事業　133
新結合　16–19, 131
人工知能　⇒AI

新市場型破壊的イノベーション　109, 111,
　112
人的資源　119, 175, 223, 229, 235
人的資本　136, 137
垂直統合型分業　147, 148, 152
垂直非統合型分業　147
水平統合型分業　147
水平非統合型分業　147
水平分業　147–149
スーパーコンピュータ　197, 204
スクリーニング　165
スタートアップ企業　17, 24, 132, 156
スタートアップ起業家　140
ストルターマン＊　208
スペースX☆　134
スマートデータ　224
スマートファクトリー　223, 224
住友電工☆　71
すり合わせ　95–98, 128
スループット会計　170, 171
スワンソン＊　43
生産性のジレンマ　75, 76, 84–86
製造委託　148, 149
製造請負（ファウンダリー）　149
製品アーキテクチャ　89–98, 100
製品アーキテクチャ概念　91, 92, 94
製品開発プロセス　128, 161, 162, 165–169,
　171–173
製品開発プロセス・マネジメント　161
製品コンセプト　163–168
製品差別化　35, 233, 234
制約共存　172
セグメンテーション　165, 166
セグメント　166
セコム☆　182, 183, 188
セブン - イレブン☆　233

戦略的提携　150, 151
総合業務　120, 122
創造的破壊　17–20, 23, 28
促進者　135
属性アプローチ　134
組織デザイン　116, 124
組織能力　98, 116–120
組織のケイパビリティ　118
組織のコア・コンピタンス　117, 118
ソニー☆　21, 71, 72, 79–81, 229, 231
ソリューション・ビジネス　202

●た　行
ダーウィン*　49
「ダーウィンの海」　49, 56, 155
ターゲッティング　165, 166
ターゲットセグメント　234
第1次産業　177
第1次産業革命　44, 223
ダイカム☆　81
第3次産業　177, 178
第3次産業革命　36, 223
ダイナミックプライシング　234
第2次産業　175, 177, 178
第2次産業革命　223
第4次産業革命　191, 223
多重利用性　119
達成動機　134–136
達成動機の程度　134
チェスブロウ*　152
知識の流出　150
知的創造サイクル　139
チャールズ・ダーウィン*　49
チャールズ・バベッジ*　195
ディープラーニング　210
提携　144–146, 150, 151, 158

ティモンズ*　135, 136
テイラー*　169
データマイニング　204
テクノロジー・プッシュ　51–53, 162–165, 167
テクノロジー・プッシュ・モデル　163
デザインレビュー　47, 48, 50, 166, 168
デジタライゼーション　209, 210
デジタル・イノベーション　206
デジタル・エコノミー　223, 235
デジタル化　206–209, 212–215, 223–235
デジタル化時代　234
デジタル技術　208, 213, 231
デジタルスタートアップス　230
デジタル・トランスフォーメーション　208–210, 213–215, 219, 222–226, 235
デジタル・マーケティング　32
テスト・マーケティング　166
テスラモーター☆　134
デマンド・プル　51–53, 162–165, 167
デマンド・プル・モデル　164
デュポン☆　42
伝統主義者　66, 68
ドイツの有限会社（GmbH）　15, 29
東芝☆　199
統制　134
トーマス・エジソン*　44, 45
特化状態　82–85
特化パターン　82
ドミナント・デザイン　75–87
トヨタ☆　71, 171, 212, 229
ドラッカー*　27–39
トレードオフ　76, 84, 122

●な　行
内製　145, 148

内的統制　135
ナショナル・イノベーション・システム　23
日産☆　71
日本IBM☆　198
日本の起業家教育　141
日本の産業構造　176
日本の非公開会社　15, 29
日本発ラディカル・イノベーション　90
ニュー・ベンチャー　133
ネイピア*　194

●は　行
ハーマン・ホレリス*　191, 196, 197
ハイエンド　107
ハイエンド・ユーザー　105–110
「ハイテク戦略」　224
「ハイテク戦略2020」　224
破壊的イノベーション　20, 86, 87, 91, 102–114
破壊的イノベーション理論　91, 112
初めて事業を興した起業家　133
バス*　57
パスカリーヌ1　194
パスカル*　194
バスモデル　56–60, 72
パナソニック☆　229, 231
バベッジ*　195
バベッジ・エンジン　195
パラダイムシフト　141, 219, 231
バリューチェーン　145, 157, 168, 231, 232
パルミサーノ・レポート　175
パンチカード　191, 196–199
パンチカードシステム　191, 196–199, 201, 204
ピーター・ウェイル*　231

ピーター・ファーディナンド・ドラッカー*　⇒ドラッカー
ビジネスエコシステム　⇒エコシステム
ビジネス・プロセス　175
ビッグデータ　203, 204, 206, 207, 219, 223, 224
ビッグデータ時代　206
ビッグ・テック（Big Tech）企業　140
標準化　95–97, 157
標準原価計算　170
非連続型イノベーション　90
非連続的技術革新　91
ヒントン*　210
ファウンダリー　149
ファラデー, M*　42
フィジビリティ・スタディ　166
フォックスコン☆　149
フォロワー　67
フォンノイマン型　192
「普及率16％の論理」　68, 69
普及理論　⇒イノベーションの普及理論
富士写真フイルム☆　79, 81
プラットフォーム　209, 212, 216, 225–227, 233–235
プラットフォーム戦略　225
フランスの有限会社（SARL）　15, 29
ブレークスルー・イノベーション　90
フレデリック・テイラー*　169
フレミング*　196
プロジェクト重視組織　124
プロジェクト組織　124–128
プロジェクト・マネージャー（PM）　126, 127
プロセス・イノベーション　76, 82–84, 86, 90, 184, 186
プロダクト・アウト　181, 182, 184

プロダクト・イノベーション　76, 82–84,
　86, 90, 181, 184–186, 188
プロダクトサービスシステム　219
ブロックチェーン　226
プロモーション戦略　166
プロモーター　135
分業　144–150, 158
分散戦略　122, 123
ペイパル☆　134
ペティ*　177
ペティ・クラークの法則　176, 177
ベルカーブ　⇒イノベーションのベル
　カーブ
ヘンダーソン*　92, 94, 102
ベンチャー企業　24, 157, 229, 230
ベンチャー・ビジネス　24
ヘンリー*　195
ヘンリー・チェスブロウ*　152
ボイヤー*　43
ポーター*　233
ポータルサイト　225
ポートフォリオ・アントレプレナー　133,
　134
ポジショニング　166
ポジショニング・アプローチ　98
ホレリス*　191, 196, 197
本田技研☆　71

●ま　行
マーケット・イン　181, 182, 184
マーケティング　27, 31–35, 46–51, 154,
　163, 165, 189
マーケティング活動　31, 46, 56, 163
マーケティング・サイエンス　60
マーケティングの4P　181, 187–189
マーケティング・プロセス　47

マーケティング・ミックス　166
マーケティング理論　32
マイクロポリス☆　103, 104
マイケル・ポーター*　233
マイスター制度　24
マス・マーケティング　184
マゼランブロックス　217, 218
マッキントッシュ　81
マトリクス組織　52, 124, 126–128
マネージャー　135
マネジメント能力　135
「魔の川」　48, 49
マルコ・ポーロ*　131
ミスター・イノベーション　11
ミノルタ☆　79
ムーア, J.A.*　57, 69
ムーアの法則　219
無限責任　13, 29
メイク・オア・バイ　145
メインストリーム市場　69, 70, 72
モジュラー・イノベーション　93
モジュラー化　95
モジュラー型アーキテクチャ　94–98
モジュラー型イノベーション　95
モジュラー製品　97
モジュラープロデューサー　232, 233
模倣困難性　119

●や　行
優位性　35, 98, 116, 122, 127, 157
有限責任　13, 14
ユーロネクスト☆　12
ユニクロ☆　162, 232
要素技術　120–122, 125, 126, 158
ヨーゼフ・アロイス・シュンペーター*
　⇒シュンペーター

吉野彰* 21

●ら　行

ライザップ☆ 32, 33
ライプニッツ* 194
ラガード 68–70
楽天☆ 209, 225, 228, 230, 233
楽天市場 225, 228, 230
楽天ポイント 228
ラディカル・イノベーション 89–91, 93, 99, 102, 103, 113, 128
ランニングアナライザー ⇒「アシックス ランニングアナライザー」
リスクテーキング 134, 135
リソース 117
リニアモデル 45–51, 53, 163
流動状態 82–84
流動パターン 82
量子アニーリング方式 215, 216
量子ゲート方式 215
量子コンピュータ 207, 210, 215–219
量子コンピューティング 206, 215
量子ゆらぎ 216
リレー 43, 195, 196, 201
ルーセント・テクノロジー☆ 152
レイトマジョリティ 67, 69
レオナルド・ダ・ビンチ* 164
レガシーシステム 208
レコメンデーション 203, 234
連合東インド会社 13–15, 29
連鎖モデル 45, 46, 49–53
連続型イノベーション 90
ローエンド 106, 107, 109, 113
ローエンド型破壊的イノベーション 109–112
ローエンド・ユーザー 109, 110

ロジスティック曲線 63
ロジャーズ, E* 56, 57, 59, 60, 65, 68, 69
ロジャーズの理論 62

●わ　行

ワコール☆ 214, 215, 230
ワット* 44, 45
ワトソン・サイエンティフィック・ コンピューティング研究所 201

●数字・アルファベット

「3DSmart & try」 214, 215
3M☆ 172
4P ⇒マーケティングの4P
ABC（Activity-Based Costing） 170
AI（Artificial Intelligence；人工知能） 203, 206–208, 210–213, 215–220, 223, 224, 231
AI技術 213
akippa☆ 212
Amazon☆ 225
AMD☆ 147
ARM（アーム）☆ 149
AU理論 76, 82, 86, 186
Bass（1969） 58, 59
BtoB 231
BtoC 231
Cisco Systems☆ 152
Cray-1 197
Cubitt☆ 92
DX改革 208, 209, 223, 231, 235
ECサイト 225
EC市場 234
e-Health 226
EMS（Electronics Manufacturing Service） 149

ENIAC（Electronic Numerical Integrator And Calculator） 192, 197

entrepreneur 131

ERP（Enterprise Resources Planning） 193

Facebook 225

FM（Functional Manager） 125–127

Foxconn Electronics☆ 149

GAFA（Google, Apple, Facebook, Amazon） 38, 133, 140, 222, 225, 233

GEM（Global Entrepreneurship Monitor） 140

Google☆ 225, 229

IBM☆ 152, 175, 185, 191, 197–203, 207

ICT 215

industrie4.0 222–224

Intel☆ 152

iOS 227

iOSプラットフォーム 227, 228

IoT 208, 219, 223, 224

IPO 24

ITアウトソーシング 203

Kasper☆ 92

Lucent Technologies☆ 152

M&A 24

make or buy 145

NVIDIA☆ 147

P&G☆ 22

PARC（Xeroxパロアルト研究所） 152

PFI（Private-Finance-Initiative） 133

Place（流通） 182

PM（Project Manager） 126, 127

POSシステム 198

Price（価格） 181

Product（製品） 181

Promotion（プロモーション） 181

QCD（品質，コスト，供給能力） 34, 233, 234

Qualcomm☆ 149

Samsung☆ 149

SDGs（Sustainable Development Goals） 37, 134, 210, 225

S字カーブ 64

TLO（Technology License Office） 133, 139

TSMC☆ 149

VOC ⇒連合東インド会社

YouTube 225

ZARA☆ 162

分担執筆者紹介 ▮

徐　康勲（ソ・カンフン / Seo Gang-Hoon）
　　　　　　　　　　　　　　　　　・執筆章→第6・7・8・9・10・11章

1985 年	韓国ソウルに生まれる
2018 年	神戸大学大学院経営学研究科博士前期課程修了，経営学修士
2021 年	神戸大学大学院経営学研究科博士後期課程修了，経営学博士
現在	広島修道大学商学部助教
学会等	JOMSA（Japanese Operations Management and Strategy Association），韓国経営学会，中四国商経学会

編著者紹介

伊藤　宗彦 （いとう・むねひこ）

・執筆章→第 1・2・3・4・5・12・13・14・15 章

1957 年	京都市に生まれる
1975 年	名古屋大学工学部応用化学科　卒業　（工学士）
2000 年	神戸大学大学院経営学研究科博士課程前期修了 （経営学修士）
2003 年	神戸大学大学院経営学研究科博士課程前期修了 （商学博士）
2003 年	神戸大学経済経営研究所　准教授
2007 年	神戸大学経済経営研究所　教授
2015 年	神戸大学経済経営研究所附属企業資料総合センター センター長
2022 年	神戸大学経済経営研究所　名誉教授
2022 年	大手前大学現代社会学部　教授
現在	大手前大学経営学部　教授
主な著書	Automobile Industry Supply Chain in Thailand, Springer, 2018（Coauthored with A.Kato, Y.Shimono, Y. Haraguchi, P.Taehoon）
学会等	日本商業学会 組織学会 日本経営学会 マーケティング学会 オペレーションズ・マネジメント＆ストラテジー学会 前会長 関西生産性本部　評議員

放送大学教材　1539531-1-2311（ラジオ）

イノベーション・マネジメント

発　行　　2023年3月20日　第1刷
編著者　　伊藤宗彦
発行所　　一般財団法人　放送大学教育振興会
　　　　　〒105-0001　東京都港区虎ノ門1-14-1　郵政福祉琴平ビル
　　　　　電話　03（3502）2750

Printed in Japan　ISBN978-4-595-32409-3　C1334